资本市场高质量发展：
中国股市退市问题探究

HIGH-QUALITY DEVELOPMENT OF THE CAPITAL MARKET:
EXPLORING THE DELISTING ISSUES
IN THE CHINA STOCK MARKET

于卫国◎著

中国金融出版社

编委会

总　序

2024 年适逢中欧国际工商学院（以下简称中欧）校庆 30 周年。作为中国唯一一所由中外政府联合创建的商学院，中欧历经 30 年砥砺奋进、不懈创新，已经从西方经典管理理论的引进者、阐释者，逐渐成长为全球化时代中国管理知识的创造者、传播者，不仅建成了一所亚洲顶尖、全球一流的商学院，也构筑了中国和欧洲乃至世界经济文化交流的平台，被中国和欧盟的领导人分别赞誉为"众多优秀管理人士的摇篮"和"欧中成功合作的典范"。

30 年来，中欧秉承"教研并举、学术和实践并重"的导向，在学术研究上持续创新突破，开创了"学术研究 + 实境研究"双轮驱动模式，持续提升"2 + 4 + X"① 跨学科研究领域和重点前沿领域的学术实力，构建产学研融合发展新生态。中欧将"构建学术高峰"确立为八大战略之一，打造跨学科研究高地，广泛提升学术影响力。

为更好地服务于上海国际金融中心建设国家战略，推动中欧成为建设上海国际金融中心的"人才库"和"思想库"，在上海市人民政府的大力支持下，中欧与上海陆家嘴（集团）有限公司于 2007 年 10 月共同发起创办中欧陆家嘴国际金融研究院（以下简称研究院）。研究院的创办与发展，恰是中欧高端智库建设的一个缩影。研究院定位为开放、国际化的学术交流平台，依托上海作为国际金融中心的有利条件，积极研讨新发展格局下金融开放与服务业发展的机遇和路径，致力于为金融机构、金融监管部门及广大金融投资者、消费者提供一流的研究、咨询和培训服务，成为建设上海国际金融中心和推动金融机构、企业实施"走出

---

① 2021 年，中欧院长汪泓提出打造"2 + 4 + X"跨学科研究高地的目标，致力于成为解读全球环境下中国商业问题的权威。"2"指案例中心和陆家嘴国际金融研究院；"4"指四大跨学科研究领域：中国与世界，环境、社会和治理（ESG），人工智能（AI）与企业管理，以及卓越服务；"X"代表研究中心、研究院和其他重要研究领域。

去"战略的智囊团。

研究院与时偕行的 17 年，正值上海金融深化开放和蓬勃发展的重要时期：上海的金融机构从单一转向多元，金融资源配置从国内走向国际，金融改革创新从单点突破迈向系统集成；在夯实国内金融中心地位的基础上，上海已基本建成具有全球影响力的国际金融中心。

作为以服务国家金融发展战略为核心目标的智库机构，研究院始终牢记初心使命，持续躬耕前行，取得了"可圈可点"的阶段性成果：累计立项承接 160 多项上海金融重点委托课题，协助筹备数届"陆家嘴论坛"并举办 160 多期"中欧陆家嘴金融家沙龙"，提交决策咨询专报 200 多份，出版数十部学术报告和专著，在各大主流媒体刊发数百篇经济金融热点解读文章。

研究院始终紧扣时代脉搏，跟踪研究全球金融市场和上海金融发展前沿问题。近年来，伴随"一带一路"倡议的提出和上海国际金融中心建设迈向更高能级，研究院在传承的基础上赓续前行：2017 年设立"中东欧经济研究所"，2021年研制发布"全球资管中心评价指数"，2022 年发起成立"中欧陆家嘴金融 50 人论坛"……眼前呈现的这套中欧陆家嘴智库丛书，亦是研究院 2024 年一次别有意义的创新"试验"。从策划选题到交出书稿，大家在各项日常研究工作不打折、不走样的前提下，自我驱动，在不到半年时间交出了不错的答卷。

一片冰心在玉壶。这套丛书，献给中欧 30 岁的美好年华，也献给上海国际金融中心建设的奋进时代。

前　言

2024 年 4 月 12 日，国务院发布《国务院关于加强监管防范风险推动资本市场高质量发展的若干意见》，市场称之为第三个"国九条"，它是继 2004 年、2014 年两个"国九条"之后，又时隔 10 年，国务院再次出台的资本市场指导性文件，充分体现了党中央、国务院对资本市场的高度重视和殷切期望。同日，中国证监会发布《关于严格执行退市制度的意见》。

健全上市公司退市制度，是全面深化资本市场改革的重要制度安排，也是强化上市公司优胜劣汰，提高上市公司质量，保护投资者的重要措施。在美国、英国等成熟资本市场，退市数量与上市数量基本保持平衡，年退市率多年来一直保持在 3% ~6% 的水平上，股市的"新陈代谢"、优胜劣汰功能发挥良好，股市长期呈现慢牛长牛态势。

与美国、英国等国外成熟资本市场相比，中国股市的退市力度还有待加强。据统计，截至 2023 年底，中国股市共有 262 家上市公司退市，其中 A 股 233 家，B 股 29 家；233 家 A 股退市公司中，被强制退市的 182 家，因吸收合并和私有化而退市的 51 家；29 家 B 股退市公司中，被强制退市的 19 家，因转板上市和吸收合并而退市的 10 家。那么，国外成熟资本市场的退市制度运行的情况如何，它们的退市制度又是如何设计的呢？

近年来，中国股市"常态化"的退市机制建设取得显著进展。自 2020 年 12 月 31 日"退市新规"实施以来，中国股市发展速度明显加快，退市数量逐年增多，近三年退市数量超过 100 家，照此速度，未来每年超过 50 家退市，或将成为常态。那么，在这种情况下，投资者该如何识别和发现有可能退市的公司，从而避免"踩雷"呢？对于违法违规的公司，制度设计应该如何完善才能更有效地保护投资者呢？中国拥有全球规模最大、交易最活跃的投资者群体，目前已超过 2 亿人，其中 97% 为持股市值 50 万元以下的中小投资者。那么，能否在退市"常态化"的同时，保护好广大中小投资者的合法权益，就成为衡量注册制改革成功与否的一个关键标准。

以上这些问题，是本书研究的出发点。希望监管部门能够在本书研究的基础上，借鉴国外成熟市场的经验，及时完善退市制度，助力中国资本市场高质量发展。同时，我们也希望广大投资者以史为鉴，积极关注上市公司的公告，积极参与公司治理，做积极股东、专业股东，避免"踩雷"退市公司而导致投资损失，也为提高上市公司质量作出自己的一份努力。

全书分为七章。

第一章　资本市场改革的重心应转向投资端。本章通过对比中外股市的退市情况，来说明中国股市亟须进行供给侧结构性改革及注册制必须配套严格的退市制度。

第二章　中国股市退市制度的历史演进。本章介绍了中国资本市场退市制度改革的基本脉络，退市制度是如何一步步改革和完善的，每一步改革的背景是什么，效果怎么样。

第三章　退市问题的国际经验。本章介绍了美国、英国、印度、日本和中国香港等地成熟市场的退市制度运行情况和退市标准的设定，为中国未来的退市制度改革提供经验借鉴。

第四章　完善退市制度的路径和建议。本章针对中国退市制度存在的问题，分析了未来完善退市制度的路径和建议。

第五章　退市中的违法违规问题及投资者保护。本章首先指出退市的公司中普遍存在违法违规问题，以及目前投资者保护制度存在的问题，在此基础上，提出完善投资者保护制度的建议。

第六章　投资者如何避免"踩雷"。本章我们站在投资者的角度，来分析一家公司是如何一步步变质退化，最终退市的。在退市前，很多的信号可以预测上市公司可能会退市，我们希望对这些信号的分析和总结，可以帮助投资者识别潜在的退市公司，避免"踩雷"。

第七章　中国资本市场高质量发展的路径及建议。本章收录了作者近几年关于资本市场改革发展的研究成果。

目　　录

第一章　资本市场改革的
重心应转向投资端

过去十年（2014—2023 年），美国、印度、日本、欧洲等地的股市均大幅上涨，屡创新高：美国的纳斯达克指数涨幅高达 260%，标普 500 指数涨幅为 158%；印度的 SENSEX500 指数涨幅高达 292%；日本的日经 225 指数和中国台湾的台湾加权指数也翻倍了，涨幅分别为 105% 和 108%；欧洲各国的股市表现稍差，但也都创历史新高了，德国 DAX 指数涨幅为 75%，法国的 CAC40 指数涨幅为 76%。

相比之下，中国经济以每年 5% 以上的增速领跑全球，然而，中国股市的表现却差强人意：过去十年，上证指数涨幅仅为 40%，沪深 300 指数的涨幅也仅有 47%。中国股市表现不佳的根本原因就是退市力度不够，上市速度远大于退市速度，导致投融资失衡。

因此，下一步，资本市场改革重心应该从融资端转向投资端，努力提升投资者的获得感，提振投资者的信心，最后形成融资和投资良好互动的局面。

第一节　中国股市亟须供给侧结构性改革

从 1990 年中国股市设立，到 2023 年底，短短 33 年的时间，沪深京三大交易所的上市公司总数，已经突破 5346 家，逼近美国的 5521 家[①]。同时，沪深 A 股累计融资额超过 20 万亿元，累计现金分红超过 14 万亿元。

中国股市存在为数不少的劣质公司，它们不仅没有给投资者带来回报，反而不断地向投资者伸手要钱。以 2014 年前在沪深交易所上市的 1195 家 A 股上

[①] 截至 2023 年底，美国三大交易所上市公司总数为 5521 家，其中，纽约证券交易所 1951 家，纳斯达克交易所 3338 家，AMEX 交易所 232 家。

市公司为例，过去十年（2014—2023 年）累计净利润小于零的上市公司有 288 家，占 1195 家公司的比例为 24%，这 288 家上市公司，过去十年，累计现金分红 51 亿元，而累计融资额却高达 6831 亿元。换个指标来看，还是以 2014 年前在沪深交易所上市的 1195 家 A 股上市公司为例，过去十年（2014—2023 年）的平均净资产收益率小于 3% 的公司有 431 家，占比为 36%；这 431 家上市公司，过去十年，累计现金分红 105 亿元，而累计融资额却高达 9997 亿元。而这 431 家公司，带给投资者的年化回报率不足 3%，低于同期三年定期存款利率。

严格的退市制度，是股票市场实现优胜劣汰的重要机制，也是优化资源配置，实现经济高质量发展的重要手段。综观国际发展经验，严格的退市制度一直都是成熟资本市场的必备条件，上市公司能进能出，才能优化资源配置，实现股市的"新陈代谢"。

从国际成熟资本市场看，每年的退市数量与当年的新上市（IPO，首次公开发行）数量基本持平。以美国为例，纽交所每年约有 200 家公司上市，同时约有 200 家上市公司退市，纳斯达克市场每年约有 400 家公司上市，同时约有 400 家公司退市。这种"大开大合"的市场更新机制，正是市场充分发挥优胜劣汰和资源优化配置功能的具体体现。然而，在中国股市，退市公司的绝对数量和相对比例，均显著低于国外成熟市场。

从退市数量占新上市数量的比例来看，截至 2023 年底，沪深 A 股市场上市公司总数突破 5000 家，但累计退市公司数量总共仅有 234 家。与国外市场相比，过去十年，即从 2014 年至 2023 年，沪深 A 股仅有 153 家公司退市，而美国纽交所和纳斯达克共有 3267 家公司退市，英国伦敦证券交易所共有 660 家公司退市。过去十年，深沪 A 股退市数量与新上市数量的比例为 1∶20（退市 153 家∶新上市 3004 家），而美国股市的这一比例为 1∶1.46（退市 3267 家∶新上市 4765 家），英国伦敦证券交易所的这一比例为 1∶1.34（退市 660 家∶新上市 887 家），远高于中国股市。

再从年退市率（当年退市数量/当年存量上市公司总数）来看，过去十年，美国股市的平均年退市率为 6.8%，英国股市的平均年退市率为 3.5%，而中国股市这一比例仅为 0.3%。

此外，2001—2023 年，中国股市平均每年约有 50 家上市公司被实施特别处理和退市风险警示（ST 和 *ST），但同时每年又有约 40 家上市公司被撤销特别处理和退市风险警示（ST 和 *ST），这就意味着，被实施特别处理和退市风险警示（ST 和 *ST）的上市公司在经历缓冲期以后，大部分都能顺利"摘帽"，并没有被强制退市。这种现象也进一步说明，中国股市的退市力度显著低于国外成熟市场。[①]

从以上三个指标可以看出，中国股市"吐故纳新"的能力与成熟市场存在很大的差距，中国股市亟须供给侧结构性改革，加大退市力度，实现进退有序、及时出清的格局。

第二节　中国股市退市制度运行情况

一、开市以来，退市制度运行情况

截至 2023 年底，沪深两大交易所存量 A 股上市公司数量达到 5335 家，然而，不成比例的是，累计退市数量却只有 234 家。

1990 年底，上海证券交易所和深圳证券交易所相继开市。然而，直到 9 年之后的 1999 年，中国股市才开始有上市公司退市。1999 年 7 月，琼民源 A（证券代码：000508）因"证券置换"而主动退市，成为中国股市首家主动退市的上市公司。两年之后的 2001 年，PT 水仙（证券代码：600625）因连续四年亏损，被上海证券交易所强制退市，成为中国股市首家被强制退市的上市公司。也就是说，在此前的 11 年里，中国股市没有一家上市公司被强制退市。

从 2001 年开始，中国股市每年都有上市公司退市。从 2001 年到 2023 年的 23 年间，年均新上市公司数量为 192 家，而年均退市公司数量仅为 10 家，其中主动退市 2 家，强制退市 8 家，年均退市数量占年均新上市公司数量（IPO 数量）的平均比例仅有 5.3%。平均退市率（当年退市公司的数量占当年存量上市公司数量的比例）仅为 0.4%，即使是在最高的年份 2006 年，退市率也不到 1%，仅为 0.9%。

无论是退市数量占当年新上市（IPO，首次公开发行）数量的比重，还是退市数量占当年存量上市公司总数的比重，中国股市都远远低于国际上发达资本市场的水平。据统计，过去 15 年，美股退市数量占 IPO 数量的比例超过 70%，年均退市率超过 6%；过去 10 年，英国股市退市数量占 IPO 数量的 85%，平均年退市率超过 3%；即使是表现最差的中国香港，过去 15 年，退市数量也占到 IPO 数量的 22%，平均年退市率也超过了 1%。1991—2023 年中国 A 股市场历年退市情况如表 1-1 所示。

---

① 肖钢. 中国资本市场变革 [M]. 北京：中信出版集团，2020.

表 1-1　　　　　　1991—2023 年中国 A 股市场历年退市情况

年份	主动退市	强制退市	退市总数	当年新上市数	退市/新上（%）	年底 A 股总数	退市率（%）
1991—1998	0	0	0	95	0.0	828	0.0
1999	1	0	1	85	1.2	923	0.1
2000	0	0	0	123	0.0	1007	0.0
2001	0	3	3	74	4.1	1130	0.3
2002	0	7	7	66	10.6	1199	0.6
2003	0	4	4	64	6.3	1259	0.3
2004	2	8	10	95	10.5	1349	0.7
2005	0	10	10	14	71.4	1355	0.7
2006	8	5	13	64	20.3	1398	0.9
2007	4	6	10	122	8.2	1507	0.7
2008	2	0	2	75	2.7	1581	0.1
2009	5	0	5	96	5.2	1678	0.3
2010	4	0	4	331	1.2	2041	0.2
2011	3	0	3	271	1.1	2320	0.1
2012	3	0	3	146	2.1	2472	0.1
2013	4	2	6	2	300.0	2468	0.2
2014	0	1	1	120	0.8	2592	0.0
2015	5	2	7	216	3.2	2808	0.2
2016	0	1	1	226	0.4	3034	0.0
2017	3	2	5	437	1.1	3467	0.1
2018	1	4	5	105	4.8	3567	0.1
2019	1	9	10	203	4.9	3760	0.3
2020	0	16	16	432	3.7	4140	0.4
2021	3	17	20	524	3.8	4685	0.4
2022	2	41	43	428	10.0	5067	0.8
2023	2	43	45	313	14.4	5335	0.8
年均（2001—2023 年）	2.3	7.9	10.1	192.3	5.3	2617.9	0.4

资料来源：Wind。

二、2021 年以来，"常态化"退市机制建设取得显著进展，退市数量明显增多

2020 年 12 月 31 日，围绕新一轮退市制度改革，沪深交易所正式发布新修订的《上海证券交易所股票上市规则》《深圳证券交易所股票上市规则》及《上海证券交易所科创板股票上市规则》《深圳证券交易所创业板股票上市规则》等多项配套规则，市场称之为"退市新规"。

"退市新规"实施之前的 2019 年和 2020 年，中国 A 股市场分别只有 9 家和 16 家上市公司被强制退市。然而，"退市新规"实施之后，退市速度明显加快，退市数量逐年增多。2021 年强制退市数量增加到 17 家，2022 年增加到 41 家，2023 年增加到 45 家，创下了历史新高。照此速度，未来每年超过 50 家退市，将成为常态。

2021—2023 年，这 3 年时间里，退市数量达到 108 家，其中强制退市 103 家，占历史上全部被强制退市的 183 家 A 股公司的 56%。2022 年和 2023 年，当年退市数量占当年新上市数量的比例，分别达到 10% 和 14.4%，退市率也达到了 0.8%，提高了一倍以上，"常态化"退市机制正在逐步建立和完善。

第三节　退市公司的归因分析

一、退市的原因概述

上市公司退市是指上市公司股票因为各种原因不再挂牌交易的行为。退市分为主动退市和强制退市两类，其中主动退市是指上市公司因收购、合并、私有化等原因主动申请退市，强制退市是指因上市公司不符合证券市场规定的持续挂牌条件而被强制终止上市。

原中国证监会主席肖钢曾撰文指出：2001—2018 年，A 股市场共有 110 家上市公司退市，其中，55 家是因为连续三年或四年亏损，38 家是因为吸收合并，其余则是因为涉及重大违法、未披露定期报告或私有化而退市。[①]

退市的原因，因退市制度的标准和规则而不同。鉴于历史上中国股市历经多次退市制度改革，退市的标准不断改变，没有一个统一的分类方法。所以，本书将退市的原因分为主动退市和强制退市两大类，在主动退市中，又分为吸收合并、证券置换、私有化、主动终止上市等原因；而在强制退市中，又分为重大违法退市、连续亏损退市、一元退市、连续非标审计意见退市等多种原因。

截至 2023 年底，中国 A 股市场累计退市的上市公司共 234 家，其中，主动退市 53 家，强制退市 181 家，主动退市占比为 22.6%，强制退市占比为 77.4%，所以，强制退市一直是中国 A 股市场退市的主流，以至于在中国，很多人一直把

---

① 肖钢. 中国资本市场变革 [M]. 北京：中信出版集团，2020.

强制退市当作退市的代名词。

在主动退市中，吸收合并有 41 家，占全部 53 家主动退市公司的比例为 77.35%，占全部 234 家退市公司的比例为 17.5%，是主动退市的最主要原因；私有化退市仅有 9 家，占全部 53 家主动退市公司的比例为 17%，占全部 234 家退市公司的比例为 3.8%；另外有 2 家公司是因证券置换而退市；迄今为止，仅有 1 家公司是主动终止上市的。

在强制退市中，因连续四年亏损而退市的有 23 家，因连续三年亏损而退市的有 8 家，合计是 31 家，占 181 家被强制退市公司的比例为 17.1%，是目前为止强制退市的第一大原因。

第二大原因是跌破面值，也即"1 元退市"，有 28 家公司是因为股价连续 20 个交易日的收盘价低于 1 元而退市的，这种情况是 2021 年"退市新规"实施以后才开始出现的，但未来很可能成为强制退市最主要的原因。

历史上，中国 A 股市场的退市规则历经多次修订，退市标准变化很大，所以，另有 115 家被强制退市的公司，未对其退市的详细原因进行区分，如表 1-2 所示。

表 1-2　　　　　　退市的归因统计（1990—2023 年）

类型	具体原因	数量	占比（同类）（%）	占比（全部）（%）	合计（%）
主动退市	吸收合并	41	77.4	17.5	22.60
	私有化	9	17.0	3.8	
	证券置换	2	3.8	0.9	
	主动终止上市	1	1.9	0.4	
强制退市	一元退市	28	15.5	12.0	77.40
	连续四年亏损	23	12.7	9.8	
	连续三年亏损	8	4.4	3.4	
	暂停上市后未披露定期报告	7	3.9	3.0	
	其他不符合挂牌的情形	115	63.5	49.1	

资料来源：Wind。

二、2020 年后的退市归因分析

2021 年开始实施的退市新规，在规则和标准上已基本与国际接轨，分类也比较具体。按照 2021 年的退市制度，截至 2023 年底，共有 108 家 A 股上市公司退市，占 A 股历史上全部退市的 234 家 A 股公司的 46%，接下来，我们来看一下按照 2021 年的退市制度，这 108 家公司是为什么退市的。

这 108 家退市公司中，主动退市仅有 7 家（其中 1 家为"主动终止上市"，其余 6 家退市的原因均为"吸收合并"），强制退市 101 家。在强制退市的 101 家公司里面，"一元退市"数量 28 家，是退市最主要的原因。

另外，2021 年开始实施的退市新规，增加了退市风险警示公司被出具保留意见、无法表示意见或者否定意见触发退市的情形，同时审计意见和其他财务指标交叉适用，审计意见的作用更加重要。

108 家公司中，因连续两年"非标"审计意见而退市的有 19 家、一年财务指标再加一年"非标"审计意见而退市的有 24 家、"非标"审计意见 + 未按期披露定期报告 3 家，三者合计 46 家。这 46 家退市公司中，有 30 多家的会计指标处在退市标准的边缘，这些公司中的大多数也都在用各种手段来避免退市，但没有一家公司的报表被注册会计师认可，注册会计师出具的都是"非标"审计意见，促使这些公司进入了退市流程。但是，需要指出的是，表面上看，这些公司走向退市的直接推手是"非标意见"，但在审计意见揭晓之前，这些公司早已积重难返。归根结底，企业自身经营不善、风险事件频发才是导致退市的真正原因。2021—2023 年退市原因分类如表 1-3 所示。

表 1-3 退市原因分类（2021—2023 年）

类型	退市原因	数量	占比（同类）（%）	占比（全部）（%）	合计（%）
主动退市	吸收合并	6	85.7	5.6	6.5
	主动终止上市	1	14.3	0.9	
强制退市	重大违法强制退市	4	4.0	3.7	93.5
	一元退市	28	27.7	25.9	
	两年"非标"审计意见	19	18.8	17.6	
	财务指标 + "非标"审计意见	24	23.8	22.2	
	财务指标	19	18.8	17.6	
	财务指标 + 未按期披露定期报告	4	4.0	3.7	
	"非标"审计意见 + 未按期披露定期报告	3	3.0	2.8	

资料来源：各公司公告。

第四节 "注册制"必须配套严格的退市机制

2019 年 1 月，上海证券交易所设立科创板，并试点注册制；2020 年 4 月，深圳证券交易所创业板改革，并试点注册制；2021 年 11 月，北京证券交易所揭牌开市，并同步试点注册制。2023 年 2 月 17 日，中国证监会及交易所发布全面实行股票发行注册制的一系列制度规则，并自公布之日起施行，中国股市正式进入"全面注册制"新时代。

注册制下，风险较高的企业也能上市，有的公司确实能成长为像微软、苹果、谷歌这样伟大的公司，但也会有公司因经营困难而破产，因此，注册制下，股市的"新陈代谢"机制非常重要，实行注册制必须配套严格的退市机制。

严格的退市制度，一方面能够淘汰"烂公司"和"垃圾股"，引导资本流动，优化资源配置，实现股市的价值发现功能；另一方面也能形成对上市公司的正向激励，促使上市公司提高经营水平。相反，如果退市制度不健全，退市力度不到位，股市就会出现很多问题。

一、股市供求失衡，易跌难涨

投资者对注册制的担忧，主要是担心注册制会恶化供求关系。事实上，从2019年注册制改革开始，中国股市就进入了快速扩容期。沪深A股上市公司数量，在2018年底是3567家，2023年底达到5335家，5年的时间，增加了1768家，增幅约达到50%。而同期，沪深A股仅有134家公司退市，新增上市公司数量是退市数量的13倍。

中国股市历来"牛短熊长"，与没有建立有效的退市制度有很大的关系。黄奇帆（2020）指出，退市制度不健全是中国股市"晴雨表"功能未能完全发挥的原因之一。由于每年上市公司数量远超退市公司数量，导致市场规模不断扩大、优质资产占比越来越小，导致股市易跌难涨。

二、上市公司质量不断下降

中国的很多上市公司已经丧失了持续经营能力，市场也证明了这些公司没有给股东创造价值的能力，但是这些公司长期滞留在市场上，应退不退。另外，还有部分严重违法违规的公司也没有及时清理出市场，这就导致上市公司的整体质量不断下降。

三、误导上市公司的经营理念，扭曲市场资源配置功能

资本市场本质上是一个激励机制，对于治理规范、信息披露合规、给投资者带来良好回报的好公司，市场给予高估值，而对于那些不专注主业、经营绩效差、公司治理不良的劣质公司，市场给予低估值，甚至导致其退市，从而实现"良币驱逐劣币"的优胜劣汰机制，引导社会经济资源的合理配置。

但是，如果退市制度不到位，同时，由于"重组借壳"的广泛存在，大量的

劣质公司，在市场上获得了与其基本面极不相配的高估值。这就导致许多上市公司的大股东和管理层无心主业经营，上市的目的就是减持套现。同时，很多经营不善的公司，不是把精力放在改善主业经营上，而是专注于搞收购、换概念、抬高股价、配合大股东卖出股票。比如，2024年6月，某公司因财务造假，已经连续30天跌停，濒临退市，然而，过去三年，即2021—2023年，它的涨幅分别是33%、0.6%和28%，更讽刺的是，2024年1—4月，在连续跌停前，它的涨幅超过90%，收益率超过99%的股票。在这样的氛围下，不仅中小投资者疯炒ST股票，连一些基金经理也受其诱惑，抛弃了价值投资的理念，将ST公司作为主要投资对象，这就导致了中国股市的"劣币驱逐良币"现象，扭曲了市场本该具有的正常的资源配置功能。

第二章　中国股市退市制度的历史演进

退市制度的改革和完善，是一个长期的历史过程。美国的退市制度也是经过了相当长的历史时期才最终建立并不断完善的。如果从 2001 年中国股市正式建立退市制度算起，迄今已先后经历了 5 次大的改革，已经建立了财务类、交易类、规范类和重大违法类 4 类强制退市指标体系，规定了主动退市情形，退市的法治化建设已经初具成效。

通过本章的梳理，我们希望能够厘清历次退市制度改革的思路。大体上来说，一是不断完善指标体系，发挥市场的优胜劣汰作用；二是不断压缩规避空间，打击规避退市；三是简化退市流程，提高退市效率。

第一节　退市制度正式形成前的萌芽期

在 2001 年之前，退市制度的相关规则，散见于《公司法》和《证券法》等法律法规之中，中国证监会及其他监管部门没有出台一部完整的退市制度规则。

一、1993 年 4 月，国务院颁布实施《股票发行与交易管理暂行条例》

中国股市设立的初衷是筹集资金，助力国企脱困，再加上当时上市资源稀缺，上市公司数量较少，退市的需求也不高，所以，当时的监管部门并没有注意上市公司退市制度的重要性。

1993 年 4 月 22 日，国务院颁布实施了《股票发行与交易管理暂行条例》（以下简称《暂行条例》），对股票公开发行和在证券交易所上市交易作出了明确规定。然而，这个《暂行条例》没有规定与发行和上市相对应的退市规则，更没有对上市公司退市作出专门的规定，唯一涉及退市的情形出现在第四章"上市公司收购"中。《暂行条例》第五十一条第二款规定："收购要约期满，收购要约人持有的普通股达到该公司发行在外的普通股总数的百分之七十五以上的，该公司应当在证券交易所终止交易"。

但是，这段时间并非没有公司应该被退市。比如，1992 年，"深原野 A"（证券代码：000005）因财务欺诈而被停牌，后来当地政府出面对其重组，公司于 1994 年 1 月以"深星源 A"的名称复牌，证券代码不变。如果按照现在的法律和规则，"财务欺诈"肯定是要被退市的，但当时因为法律和法规不健全、"财务欺诈"退市还处于无法可依状态，所以，这家公司并没有被退市。

二、1994 年 7 月颁布实施的《公司法》

1994 年 7 月 1 日正式实施的《公司法》，在其第一百五十七条和第一百五十八条，规定了上市公司暂停上市和终止上市的条件，这是中国股市第一次从法律层面明确退市规则。

《公司法》第一百五十七条，规定了"暂停上市"的条件："上市公司有下列情形之一的，由国务院证券管理部门决定暂停其股票上市：（一）公司股本总额、股权分布等发生变化不再具备上市条件；（二）公司不按规定公开其财务状况，或者对财务会计报告作虚假记载；（三）公司有重大违法行为；（四）公司最近三年连续亏损。"

《公司法》第一百五十八条，规定了"终止上市"的条件："上市公司有前条第（二）项、第（三）项所列情形之一经查实后果严重的，或者有前条第（一）项、第（四）项所列情形之一，在限期内未能消除，不具备上市条件的，由国务院证券管理部门决定终止其股票上市。公司决议解散、被行政部门依法责令关闭或者宣告破产的，由国务院证券管理部门决定终止其股票上市。"

从《公司法》第一百五十七条和第一百五十八条的具体规定可以看出，这些法定条件，基本上都是框架性的原则性规定，具体标准模糊不清，可操作性不强。

第一，在《公司法》第一百五十七条的规定中，"（二）公司不按规定公开其财务状况，或者对财务会计报告作虚假记载"，那么，这个虚假记载，金额达到多大？占比达到多少？持续多长时间才算虚假记载呢？《公司法》并没有给出一个明确的标准。

第二，在《公司法》第一百五十七条的规定中，"（三）公司有重大违法行为"，那么，哪些行为才算重大违法呢？《公司法》也没有给出一个明确的标准。事实上，直到 2018 年，沪深交易所发布了重大违法强制退市新规，才首次明确了重大违法强制退市的 4 种情形，即首发上市欺诈发行、重组上市欺诈发行、年报造假规避退市及交易所认定的其他情形。

第三，在《公司法》第一百五十七条的规定中，"（四）公司最近 3 年连续亏损"，但是，这个规定并没有明确，这个亏损是否"扣除非经常性损益"后的亏损，所以，它很容易被上市公司规避，上市公司可以通过获得财政补贴、退税、一年微利两年大亏等方式，来规避这条规定。

因此，可以看出，1994 年的《公司法》虽然为退市制度构建了法律框架，但由于这些规定过于原则，又没有相应的实施细则，所以它几乎不具有可操作性。事实上，在 1994 年《公司法》出台后的长达 7 年里，这些规定都形同虚设，没有一家上市公司因为这些规定而退市，直到 2001 年，中国股市才有了第一家被强制退市的上市公司。

三、1999 年颁布实施的《证券法》

1999 年 7 月 1 日正式施行的《证券法》是我国第一部证券法，也是中国股市的基本大法。但是，对于退市制度，这部《证券法》只是简单重复了 1994 年《公司法》里的规定，对暂停上市和终止上市的条件没有作出任何新的规定。

四、2000 年 5 月，沪深交易所发布《股票上市规则（2000 年修订）》

2000 年 5 月，深圳证券交易所和上海证券交易所发布了《股票上市规则（2000 年修订）》。《股票上市规则（2000 年修订）》将因最近三年连续亏损被暂停上市公司的宽限期规定为三年"因连续三年亏损而被暂停上市的公司，暂停上市后三年内的任何一年有盈余的，可以向交易所提出恢复上市的申请，交易所收到申请后三个工作日内提出意见，报中国证监会批准后恢复该公司股票上市"。

2000 年，中国股市上市公司数量已经突破 1000 家，退市需求不能说不存在。但是，根据这个《股票上市规则（2000 年修订）》，上市公司需要连续亏损 6 年，才会被退市，这就给上市公司留出了足够的时间，去采取措施自救，避免退市。

第二节　退市制度的正式形成

一、背景

2000 年底，中国 A 股上市公司总数突破 1000 家，达到 1007 家。同时，上市公司中亏损的公司占比超过 8%，有些公司甚至连续三年、五年亏损，中国股市的投资价值大受质疑，全社会对启动上市公司退市机制的要求日渐强烈。在多方压力下，中央政府和监管机构才开始重新考虑上市公司退市问题。

二、主要内容

2001 年 2 月 22 日，中国证监会发布了《亏损上市公司暂停上市和终止上市实施办法》，对连续三年亏损的上市公司在暂停上市后的恢复上市和终止上市作了详细的规定。其主要内容如下。

（一）暂停上市

《亏损上市公司暂停上市和终止上市实施办法》第五条和第八条规定"上市公司第三年度连续亏损的，自公布第三年年度报告之日起（如公司未公布年度报告，则自《证券法》规定的年度报告披露最后期限到期之日起），证券交易所应对其股票实施停牌，并在停牌后五个工作日内就该公司股票是否暂停上市作出决定""公司暂停上市后，可以在四十五天内向证券交易所申请宽限期以延长暂停上市的期限。宽限期自暂停上市之日起为十二个月"。

（二）恢复上市

《亏损上市公司暂停上市和终止上市实施办法》第十二条和第十三条规定"暂停上市的公司在宽限期内第一个会计年度盈利的，可以在年度报告公布后，向中国证监会提出恢复上市的申请""中国证监会受理公司恢复上市的申请后，应当提交发审委审核，并在三个月内作出是否予以核准的决定"。

（三）终止上市

《亏损上市公司暂停上市和终止上市实施办法》第十七条和第十八条规定"暂停上市的公司在宽限期内第一个会计年度继续亏损的，或者其财务报告被注册会计师出具否定意见或拒绝表示意见审计报告的，由中国证监会作出其股票终止上市的决定""公司有以下情形之一的，中国证监会决定其股票终止上市：（一）公司决定不提出宽限期申请的；（二）自暂停上市之日起 45 日内未提出宽限期申请的或申请宽限期未获证券交易所批准的；（三）第十七条所述公司至宽限期截止日未公布年度报告的；（四）申请恢复上市未获中国证监会核准的"。

2002 年的《亏损上市公司暂停上市和终止上市实施办法（修订）》废除了原实施办法第八条有关宽限期的制度，规定公司连续三年亏损，其股票即暂停上市。

2003 年的《关于执行〈亏损上市公司暂停上市和终止上市实施办法（修

订)〉的补充规定》对追溯调整导致连续亏损、非标准无保留审计意见、终止上市后转至股份代办系统等情况进行了补充规定。

三、中小板退市制度形成

2004 年 6 月，深圳证券交易所开设中小企业板，截至 2006 年底，中小板上市公司数量已接近 100 家，为了完善优胜劣汰机制，提高中小企业板上市公司质量，2006 年 11 月 30 日，深交所发布了《中小企业板股票暂停上市、终止上市特别规定》，于 2007 年 1 月 1 日正式施行。

《中小企业板股票暂停上市、终止上市特别规定》从上市公司财务、规范运作和市场交易三大方面增加了七项退市新指标。

1. 连续两年净资产为负，暂停上市；

2. 最近一个会计年度被注册会计师出具否定意见的审计报告，或者被出具了无法表示意见的审计报告，且被交易所认为情形严重的，实施退市风险警示；如果下一个会计年度仍然没有好转，暂停上市；再过半年，如果中期报告审计结果显示仍然没有明显好转，将终止上市；

3. 对外担保余额超过 1 亿元且占净资产的 100% 以上，实施退市风险警示；

4. 关联方违法违规占用资金余额超过 2000 万元或占净资产的 50% 以上，实施退市风险警示；如果下一个会计年度仍然没有好转，暂停上市；再过半年，若经审计的中期报告仍没有明显改善，将终止上市；

5. 公司受到交易所公开谴责后，在二十四个月内再次受到公开谴责者，实施暂停上市，若其后十二个月内又受到本所公开谴责，将终止上市；

6. 连续 20 个交易日每日收盘价均低于面值，实施退市风险警示；

7. 连续 120 个交易日内累计成交量低于 300 万股，实施退市风险警示；如果在一段时间内不能得到改善，将终止上市。

四、效果及评价

《亏损上市公司暂停上市和终止上市实施办法》（以下简称《实施办法》）的出台，标志着中国股市的退市制度基本成型，2001 年也成了中国股市历史上具有标志性意义的年份。

这一年，有 3 家 A 股上市公司被强制退市，此前，只有"琼民源"（证券代码：000508），在 1999 年因证券置换而主动退市，不是被强制性退市。所以，可以说，《实施办法》的施行，拉开了中国股市强制退市的大幕。

2001 年 4 月 23 日，"PT 水仙"（证券代码：600625），由于连续四年亏损，成为上交所第一家退市的上市公司，也是中国股市历史上首家依《实施办法》而被强制退市的上市公司，这标志着中国股市的退市制度的正式实施。

紧接着，2001 年 6 月 15 日，"PT 粤金曼"（证券代码：000588），由于连续三年亏损、宽限期申请被驳回而退市，成为深交所第一家被强制退市的上市公司。

这一年被退市的第三家公司是"PT 中浩"（证券代码：000015），它因连续四年亏损，于 2001 年 10 月 22 日被强制退市。

然而，2001 年 11 月 10 日，中国正式加入世界贸易组织（WTO），从 2002 年开始，中国经济开始高速增长，GDP 增速从 2001 年的 8.34%，逐年提高，2007年的 GDP 增速甚至高达 14.23%，与之相对应的是，同期上市公司的盈利大幅改善，亏损的公司越来越少，以至于 2002—2012 年的这 11 年间，整个中国 A 股市场，总共才只有 40 家上市公司被强制退市，而其中 2008—2012 年的 5 年间，竟没有一家上市公司被强制退市。

造成这个结果的原因在于，《实施办法》有明显的缺陷，它很容易被上市公司规避：一是这个阶段的退市制度，只是局限于财务指标，还没有涉及重大违法退市、财务造假退市、非标审计意见退市等情形；二是"三年连续亏损"这个指标设定比较宽松，没有明确是"扣除非经常性损益"后的亏损。

《中小企业板股票暂停上市、终止上市特别规定》（以下简称《特别规定》）的发布实施，进一步丰富了退市标准，改变了当时上市公司退市标准比较单一的情况，退市标准从原来单一的连续亏损指标，增加到 7 个指标，这 7 个指标，基本上构成了未来出台的几个版本的"退市新规"的基本框架。

2012 年 7 月 7 日，《深交所股票上市规则（2012 年修订）》发布实施，因《特别规定》的相关内容已经被《股票上市规则（2012 年修订）》吸收，《特别规定》因此被同时废止。

第三节　2012 年的退市制度改革

一、背景

2009 年 8 月，上证指数达到 3478 点的高点，其后一路下跌，到 2012 年初的时候，大盘已逼近 2000 点。

2009—2011 年新上市了 700 家公司，沪深 A 股上市公司数量突破了 2300 家，并且，此前 2008—2012 年的 5 年间，竟没有一家上市公司被强制退市，市场上的

"僵尸"企业越来越多，上市公司质量不断恶化。尤其是，2011 年 3 月，"绿大地"（证券代码：002200）原董事长何学葵因涉嫌欺诈发行股票罪被公安机关逮捕，市场舆论高度关注。

在这样的背景下，为保护投资者合法权益，促进证券市场改革创新和健康发展，沪深交易所启动了改革和完善退市制度的工作。

二、创业板退市制度改革

2009 年 10 月 23 日，深圳证券交易所创业板开市，当时，创业板的退市制度与中小板的退市制度一脉相承，其框架和主要内容基本一致。

2012 年 4 月 20 日，深交所推出了《深圳证券交易所创业板股票上市规则（2012 年修订）》，并自 2012 年 5 月 1 日起施行。在退市规则方面，主要有以下几个方面内容。

一是增加两个退市指标。"最近 36 个月内累计受到深交所 3 次公开谴责的，直接终止上市。连续 20 个交易日每日收盘价均低于每股面值，直接终止上市"[1]。

二是缩短暂停上市、终止上市时间。"连续 120 个交易日累计股票成交量低于 100 万股，直接终止上市。最近一年年末净资产为负，实施暂停上市；最近两年年末净资产均为负，将终止上市"[2]。

三是完善恢复上市审核标准，不支持"借壳"恢复上市。"因三年连亏或追溯调整导致三年连亏而暂停上市的公司，应以扣除非经常性损益前后的净利润孰低，作为恢复上市的盈利判断依据""因三年连亏和因年末净资产为负而暂停上市的公司，在暂停上市后披露的年度报告必须经注册会计师出具标准无保留意见的审计报告，才可提出恢复上市的申请"[3]。

四是实施"退市整理期"制度。"自深交所作出创业板公司股票终止上市的决定后 15 个交易日届满的次一交易日起，该股票进入为期 30 个交易日的"退市整理期"。其间该股票通过"退市整理板"另板交易。30 个交易日期满后，该股票将终止上市。创业板公司股票退市后统一平移到代办股份转让系统挂牌"[4]。

---

① 中国证监会官方网站. 创业板退市制度（2012 年 5 月 1 日施行）内容摘要 [EB/OL]. (2012 - 06 - 22) [2023 - 12 - 20]. http：//www. csrc. gov. cn/guizhou/c105473/c1303241/content. shtml.
② 中国证监会官方网站. 创业板退市制度（2012 年 5 月 1 日施行）内容摘要 [EB/OL]. (2012 - 06 - 22) [2023 - 12 - 20]. http：//www. csrc. gov. cn/guizhou/c105473/c1303241/content. shtml.
③ 中国证监会官方网站. 创业板退市制度（2012 年 5 月 1 日施行）内容摘要 [EB/OL]. (2012 - 06 - 22) [2023 - 12 - 20]. http：//www. csrc. gov. cn/guizhou/c105473/c1303241/content. shtml.
④ 中国证监会官方网站. 创业板退市制度（2012 年 5 月 1 日施行）内容摘要 [EB/OL]. (2012 - 06 - 22) [2023 - 12 - 20]. http：//www. csrc. gov. cn/guizhou/c105473/c1303241/content. shtml.

三、主板和中小板的退市制度改革

创业板的"退市新规"推出后，主板和中小板也积极跟进。2012年6月28日，深交所发布了《关于改进和完善深圳证券交易所主板、中小企业板上市公司退市制度的方案》。2012年7月7日，深交所和上交所同步发布了《股票上市规则（2012年修订）》，这标志着深沪两市主板、中小板退市新政正式实施。主要的修订内容包含以下几个方面。

一是新增7项退市指标。

1. 新增净资产为负值的退市标准。"上市公司出现净资产为负值的现象说明公司已资不抵债，丧失了持续经营的基础；上市公司连续三个会计年度经审计的期末净资产为负值的，其股票应终止上市"[1]。

2. 新增净资产为负值和营业收入持续过低的退市标准。"上市公司营业收入过低或基本没有营业收入，则显示公司正常经营难以为继。上市公司连续三个会计年度经审计的营业收入低于1000万元的，其股票应终止上市"[2]。

3. 新增非标审计意见类型的退市标准。"上市公司的财务报告被出具或连续出具否定或无法示意见的审计意见，意味着上市公司的持续经营业绩是不可信的，投资者也就丧失了赖以进行投资决策的依据和基础。上市公司连续三个会计年度的财务会计报告被会计师事务所出具否定意见或者无法表示意见的，其股票应终止上市"[3]。

4. 新增暂停上市后未在法定期限内披露年报的退市标准。"信息披露是上市公司应尽的基本义务，也是上市公司与非上市公司最显著的区别。上市公司连续两个会计年度的财务会计报告被会计师事务所出具否定意见或者无法表示意见的，暂停上市。此后一个会计年度的财务会计报告被会计师事务所出具否定意见、无法表示意见或者保留意见的，终止上市"[4]。

5. 新增股票累计成交量过低的退市标准。"主板公司连续120个交易日（不含停牌交易日）的股票累计成交量低于500万股的，终止上市。中小板公司连续120个交易日（不含停牌交易日）通过深交所交易系统实现的股票累计成交量低

---

① 深圳证券交易所.《深圳证券交易所股票上市规则（2012年修订）》的修订说明［EB/OL］.（2012 - 07 - 07）［2023 - 12 - 20］. https：//www. szse. cn/disclosure/notice/company/t20120709 _508730. html.

② 深圳证券交易所.《深圳证券交易所股票上市规则（2012年修订）》的修订说明［EB/OL］.（2012 - 07 - 07）［2023 - 12 - 20］. https：//www. szse. cn/disclosure/notice/company/t20120709 _508730. html.

③ 深圳证券交易所.《深圳证券交易所股票上市规则（2012年修订）》的修订说明［EB/OL］.（2012 - 07 - 07）［2023 - 12 - 20］. https：//www. szse. cn/disclosure/notice/company/t20120709 _508730. html.

④ 深圳证券交易所.《深圳证券交易所股票上市规则（2012年修订）》的修订说明［EB/OL］.（2012 - 07 - 07）［2023 - 12 - 20］. https：//www. szse. cn/disclosure/notice/company/t20120709 _508730. html.

于 300 万股的，终止上市"。

6. 新增股票成交价格连续低于面值的退市标准。"连续 20 个交易日（不含停牌交易日）每日 A 股股票收盘价均低于每股面值的，终止上市"。

7. 连续受到公开谴责（仅适用于中小板上市公司）的退市标准。"最近 36 个月内累计受到深交所三次公开谴责的，终止上市"。

二是设立了恢复上市的条件，必须同时满足以下条件，才可以申请恢复上市。

1. 最近一个会计年度经审计的扣除非经常性损益前、后的净利润均为正数；①

2. 最近一个会计年度经审计的营业收入不低于 1000 万元；②

3. 最近一个会计年度经审计的期末净资产为正数；③

4. 最近一个会计年度的财务会计报告未被会计师事务所出具否定意见、无法表示意见或者保留意见；④

5. 保荐机构经核查后发表明确意见，认为公司具备持续经营能力；⑤

6. 保荐机构经核查后发表明确意见，认为公司具备健全的公司治理结构、运作规范、无重大内控缺陷。⑥

三是完善退市程序。

1. 简化终止上市和恢复上市程序。"上市公司出现终止上市情形的，交易所在该情形出现后 15 个交易日内对其股票作出终止上市决定。暂停上市公司向交易所提出恢复上市申请且被受理的，交易所对其申请进行审核，并作出恢复上市或者终止上市的决定。上市公司对交易所前述决定有异议的，可以根据相关规定申请复议"⑦。

2. 明确审核期限。"交易所对暂停上市公司提出的恢复上市申请或者终止上市复核申请，均自受理申请之日后的 30 个交易日内作出决定。上市公司补充材料

① 上海证券交易所．关于《上海证券交易所股票上市规则（2012 修订）》的修订说明［EB/OL］．（2012 - 07 - 07）［2023 - 12 - 20］．http：//www.sse.com.cn/aboutus/mediacenter/hotandd/c/c_20150912_3988587.shtml.
② 上海证券交易所．关于《上海证券交易所股票上市规则（2012 修订）》的修订说明［EB/OL］．（2012 - 07 - 07）［2023 - 12 - 20］．http：//www.sse.com.cn/aboutus/mediacenter/hotandd/c/c_20150912_3988587.shtml.
③ 上海证券交易所．关于《上海证券交易所股票上市规则（2012 修订）》的修订说明［EB/OL］．（2012 - 07 - 07）［2023 - 12 - 20］．http：//www.sse.com.cn/aboutus/mediacenter/hotandd/c/c_20150912_3988587.shtml.
④ 上海证券交易所．关于《上海证券交易所股票上市规则（2012 修订）》的修订说明［EB/OL］．（2012 - 07 - 07）［2023 - 12 - 20］．http：//www.sse.com.cn/aboutus/mediacenter/hotandd/c/c_20150912_3988587.shtml.
⑤ 上海证券交易所．关于《上海证券交易所股票上市规则（2012 修订）》的修订说明［EB/OL］．（2012 - 07 - 07）［2023 - 12 - 20］．http：//www.sse.com.cn/aboutus/mediacenter/hotandd/c/c_20150912_3988587.shtml.
⑥ 上海证券交易所．关于《上海证券交易所股票上市规则（2012 修订）》的修订说明［EB/OL］．（2012 - 07 - 07）［2023 - 12 - 20］．http：//www.sse.com.cn/aboutus/mediacenter/hotandd/c/c_20150912_3988587.shtml.
⑦ 上海证券交易所．关于《上海证券交易所股票上市规则（2012 修订）》的修订说明［EB/OL］．（2012 - 07 - 07）［2023 - 12 - 20］．http：//www.sse.com.cn/aboutus/mediacenter/hotandd/c/c_20150912_3988587.shtml.

的期限不计入审核期限。前述申请人补充材料的期限累计均不得超过 30 个交易日。申请人未按要求在前述期限内补充材料的，交易所在该期限届满后继续对其所提申请进行审核，并根据《股票上市规则》对其作出相应决定"[1]。

3. 建立退市配套机制。设立风险警示板、退市公司股份转让系统，建立重新上市制度。

四、效果及评价

2012 年版的"退市新政"可以算是一部比较完备的退市规则。

一是明确规定了暂停上市公司申请恢复上市的标准和期限，解决了"停而不退"现象；

二是对以往的退市指标体系进行了充实和完善；

三是明确规定了退市公司重新上市的标准和程序；

四是建立了"风险警示板""退市整理期""退市公司在全国中小企业股份转让系统挂牌"等机制，在风险警示和退出渠道方面，都为投资者提供了一定的空间。

但是，2012 年的退市新政有几个明显的不足。

一是对市场诟病较多，舆论广泛关注的是，存在重大违法行为的上市公司不能及时退出市场的问题，没有涉及。

二是截至 2011 年底，深沪两市累计已有 29 家 A 股上市公司主动退市，同期被动退市 43 家。主动退市也是退市的一种非常重要的方式，但 2012 年版的退市新政只规定了要约收购、证券置换等主动退市方式，对私有化等其他主动退市方式未予涉及。

由此，就引出了 2014 年的退市制度改革。

第四节　2014 年的退市制度改革

一、背景

2012 年的"退市新政"并没有起到太大的作用，2012 年全年都没有公司被强制退市，2013 年也只有 2 家公司被强制退市。

同时，大盘继续低迷，上证指数在 2012 年 11 月跌破 2000 点，又在 2013 年 6

---

① 上海证券交易所. 关于《上海证券交易所股票上市规则（2012 修订）》的修订说明［EB/OL］. （2012 - 07 - 07）［2023 - 12 - 20］. http：//www. sse. com. cn/aboutus/mediacenter/hotandd/c/c _ 20150912 _ 3988587. shtml.

月，跌到 1849 点，2014 年整个上半年上证指数也都在 2000 点附近徘徊。

此时，中国经济已经进入"新常态"，房地产市场表现不佳。中央政府和监管部门终于意识到，促进资本市场健康发展，对于加快完善现代市场体系、拓宽企业和居民投融资渠道、优化资源配置、促进经济转型升级和社会发展进步都具有重要意义。

在这样的背景下，2014 年 5 月 10 日，国务院印发《关于进一步促进资本市场健康发展的若干意见》（以下简称"国九条"）。

根据"国九条"的有关要求，中国证监会启动了新一轮退市制度改革，并于 2014 年 10 月 15 日发布了《关于改革完善并严格实施上市公司退市制度的若干意见》（以下简称《退市意见》），并自 2014 年 11 月 16 日起正式施行，其后沪深交易所分别发布了新修订的《股票上市规则》。

二、主要内容

2014 年版的"退市规则"被市场称为史上最严"退市新规"，主要从以下五个方面改革完善了退市制度。

（一）健全上市公司主动退市制度，明确了主动退市的内部决策程序和交易所对主动退市的申请与审批程序，并明确了主动退市的 7 种情形

1. 上市公司主动向交易所申请退市，并不再在交易所交易。

2. 上市公司主动向交易所申请退市，并转而申请在其他交易所上市。

3. 上市公司向所有股东发出回购全部股份或者部分股份的要约，导致公司股本总额、股权分布等发生变化不再具备上市条件的，其股票按照证券交易所规则退出市场交易。

4. 上市公司股东向所有其他股东发出收购全部股份或者部分股份的要约，导致公司股本总额、股权分布等发生变化不再具备上市条件的，其股票按照证券交易所规则退出市场交易。

5. 除上市公司股东外的其他收购人向所有股东发出收购全部股份或者部分股份的要约，导致公司股本总额、股权分布等发生变化不再具备上市条件的，其股票按照证券交易所规则退出市场交易。

6. 上市公司因新设合并或者吸收合并，不再具有独立主体资格并被注销，其股票按照证券交易所规则退出市场交易。

7. 上市公司股东大会决议解散的，其股票按照证券交易所规则退出市场交易。

（二）明确了实施重大违法公司强制退市制度

1. 对欺诈发行公司实施暂停上市。"上市公司因首次公开发行股票申请或者披露文件存在虚假记载、误导性陈述或者重大遗漏，致使不符合发行条件的发行人骗取了发行核准，或者对新股发行定价产生了实质性影响，受到证监会行政处罚，或者因涉嫌欺诈发行罪被依法移送公安机关的，证券交易所应当依法作出暂停其股票上市交易的决定"。

2. 对重大信息披露违法公司实施暂停上市。"上市公司因信息披露文件存在虚假记载、误导性陈述或者重大遗漏，受到证监会行政处罚，并且因违法行为性质恶劣、情节严重、市场影响重大，在行政处罚决定书中被认定为构成重大违法行为，或者因涉嫌违规披露、不披露重要信息罪被依法移送公安机关的，证券交易所应当依法作出暂停其股票上市交易的决定"。

3. 对重大违法暂停上市公司限期实施终止上市。"对于上述因受到证监会行政处罚，或者因涉嫌犯罪被依法移送公安机关而暂停上市的公司，在证监会作出行政处罚决定或者移送决定之日起一年内，证券交易所应当作出终止其股票上市交易的决定"。

4. 重大违法暂停上市公司终止上市的例外情形。

（三）严格执行市场交易类、财务类强制退市指标

《退市意见》根据《证券法》第五十五条第（一）、第（二）和第（四）项的规定，对现有的退市指标作了全面梳理，并按照市场交易类、财务类分别作了归纳列举。

（四）完善与退市相关的配套制度安排

在实践中，一些涉嫌重大违法公司的相关股东在被立案稽查后，通过二级市场减持股份"金蝉脱壳"，华锐风电案例和湘鄂情案例便是典型案例。为此，《退市意见》进行了专门规定。

1. 限制相关主体股份减持行为，"上市公司首次公开发行股票申请或者披露文件，存在虚假记载、误导性陈述或者重大遗漏，被证监会立案稽查的，在形成案件调查结论前，上市公司控股股东、实际控制人、董事、监事、高级管理人员、持有首次公开发行股票前已发行股份的股东及其他持有法律、行政法规、证监会规定、证券交易所规则规定的限售股的股东或者自愿承诺股份限售的股东，应当遵守在公开募集及上市文件或者其他文件中作出的公开承诺，暂停转让其拥有权益的股份。上市公司发行新股申请或者披露文件，或者构成借壳上市的重大资产重组申请或者相关披露文件出现上述情形的，在形成案件调查结论前，上市

公司控股股东、实际控制人、董事、监事、高级管理人员、重组方及其一致行动人、上市公司购买资产对应经营实体的股份或者股权持有人，及其他持有法律、行政法规、证监会规定、证券交易所规则规定的限售股的股东或者自愿承诺股份限售的股东，应当遵守在信息披露文件或者其他文件中作出的公开承诺，暂停转让其拥有权益的股份。证券交易所和证券登记结算机构应当采取相应措施，确保控股股东、实际控制人、重组方及其他承诺主体切实履行上述承诺"。

2. 设立"退市整理期"，"对于股票已经被证券交易所决定终止上市交易的强制退市公司，证券交易所应当设置'退市整理期'，在其退市前给予30个交易日的股票交易时间。在股票被证券交易所决定终止上市交易前，经董事会决议通过并已公告筹划重大资产重组事项的强制退市公司应当召开股东大会，对公司股票是否进入'退市整理期'交易进行表决，证券交易所应当按照股东大会决议对公司股票是否进入'退市整理期'交易作出安排。'退市整理期'公司的并购重组行政许可申请将不再受理；已经受理的，应当终止审核。证券交易所应当建立参与'退市整理期'股票交易的投资者适当性制度"。

（五）加强退市公司投资者合法权益保护

针对退市工作的特殊性，《退市意见》重点强调了退市中的信息披露、主动退市异议股东保护问题，进一步明确了重大违法公司及有关责任人员的民事赔偿责任。

1. 强化上市公司退市前的信息披露义务。"证券交易所应当依照《证券法》及其配套的证券监管规定，有针对性地完善主动退市公司、强制退市公司的信息披露规则。上市公司退市前应当及时、准确、完整地持续披露其股票可能暂停或者终止上市交易的提示性公告。严厉打击虚假陈述、内幕交易、操纵市场等违法行为"。

2. 完善主动退市公司异议股东保护机制。"主动退市公司应当在其公司章程中对主动退市股东大会表决机制及对决议持异议股东的回购请求权、现金选择权等作出专门安排"。

3. 重大违法公司及相关责任主体的民事赔偿责任。"上市公司存在本意见规定的重大违法行为，公司及其控股股东、实际控制人、董事、监事、高级管理人员等相关责任主体，应当按照《证券法》《国务院办公厅关于进一步加强资本市场中小投资者合法权益保护工作的意见》的规定，赔偿投资者损失；或者根据信息披露文件中的公开承诺内容或者其他协议安排，通过回购股份等方式赔偿投资者损失"。

《退市意见》中规定的上市公司退市情形如表2-1所示。

表 2-1 《退市意见》中规定的上市公司退市情形

序号	主动退市
1	上市公司在履行必要的决策程序后,主动向证券交易所提出申请,撤回其股票在该交易所的交易,并决定不再在交易所交易。
2	上市公司在履行必要的决策程序后,主动向证券交易所提出申请,撤回其股票在该交易所的交易,并转而申请在其他交易场所交易或者转让。
3	上市公司向所有股东发出回购全部股份或者部分股份的要约,导致公司股本总额、股权分布等发生变化不再具备上市条件,其股票按照证券交易所规则退出市场交易。
4	上市公司股东向所有其他股东发出收购全部股份或者部分股份的要约,导致公司股本总额、股权分布等发生变化不再具备上市条件,其股票按照证券交易所规则退出市场交易。
5	除上市公司股东外的其他收购人向所有股东发出收购全部股份或者部分股份的要约,导致公司股本总额、股权分布等发生变化不再具备上市条件,其股票按照证券交易所规则退出市场交易。
6	上市公司因新设合并或者吸收合并,不再具有独立主体资格并被注销,其股票按照证券交易所规则退出市场交易。
7	上市公司股东大会决议解散,其股票按照证券交易所规则退出市场交易。
	强制退市
8	上市公司因首次公开发行股票申请或者披露文件存在虚假记载、误导性陈述或者重大遗漏,致使不符合发行条件的发行人骗取了发行核准,或者对新股发行定价产生了实质性影响,受到证监会行政处罚被暂停上市后,在证监会作出行政处罚决定之日起一年内,被证券交易所作出终止公司股票上市交易的决定。
9	上市公司因首次公开发行股票申请或者披露文件存在虚假记载、误导性陈述或者重大遗漏,致使不符合发行条件的发行人骗取了发行核准,或者对新股发行定价产生了实质性影响,涉嫌欺诈发行罪被依法移送公安机关而暂停上市,在证监会作出移送决定之日起一年内,被证券交易所作出终止公司股票上市交易的决定。
10	上市公司因信息披露文件存在虚假记载、误导性陈述或者重大遗漏,受到证监会行政处罚,并在行政处罚决定书中被认定构成重大违法行为而暂停上市,在证监会作出行政处罚决定之日起一年内,被证券交易所依据其股票上市规则作出终止公司股票上市交易的决定。
11	上市公司因信息披露文件存在虚假记载、误导性陈述或者重大遗漏,涉嫌违规披露、不披露重要信息罪被依法移送公安机关而暂停上市,在证监会作出移送决定之日起一年内,被证券交易所依据其股票上市规则作出终止公司股票上市交易的决定。
12	上市公司股本总额发生变化不再具备上市条件,且在证券交易所规定的期限内仍不能达到上市条件。
13	上市公司社会公众持股比例不足公司股份总数的25%,或者公司股本总额超过4亿元,社会公众持股比例不足公司股份总数的10%,且在证券交易所规定的期限内仍不能达到上市条件。
14	上市公司股票在一定期限内累计成交量低于证券交易所规定的最低限额。
15	上市公司股票连续20个交易日(不含停牌交易日)每日股票收盘价均低于股票面值。
16	上市公司因净利润、净资产、营业收入、审计意见类型或者追溯重述后的净利润、净资产、营业收入等触及规定标准,其股票被暂停上市后,公司披露的最近一个会计年度经审计的财务会计报告显示扣除非经常性损益前、后的净利润孰低者为负值。

续表

序号	强制退市
17	上市公司因净利润、净资产、营业收入、审计意见类型或者追溯重述后的净利润、净资产、营业收入等触及规定标准，其股票被暂停上市后，公司披露的最近一个会计年度经审计的财务会计报告显示期末净资产为负值。
18	上市公司因净利润、净资产、营业收入、审计意见类型或者追溯重述后的净利润、净资产、营业收入等触及规定标准，其股票被暂停上市后，公司披露的最近一个会计年度经审计的财务会计报告显示营业收入低于证券交易所规定数额。
19	上市公司因净利润、净资产、营业收入、审计意见类型或者追溯重述后的净利润、净资产、营业收入等触及规定标准，其股票被暂停上市后，公司披露的最近一个会计年度经审计的财务会计报告被会计师事务所出具否定意见、无法表示意见或者保留意见。
20	上市公司在证券交易所规定期限内，未改正财务会计报告中的重大差错或者虚假记载。
21	法定期限届满后，上市公司在证券交易所规定的期限内，依然未能披露年度报告或者半年度报告。
22	上市公司因净利润、净资产、营业收入、审计意见类型或者追溯重述后的净利润、净资产、营业收入等触及规定标准，其股票被暂停上市，不能在法定期限内披露最近一个会计年度的年度报告。
23	上市公司股票被暂停上市后在规定期限内未提出恢复上市申请。
24	上市公司股票被暂停上市后其向交易所提交的恢复上市申请材料不全且逾期未补充。
25	上市公司股票被暂停上市后其恢复上市申请未获证券交易所同意。
26	上市公司被法院宣告破产。
27	证券交易所规定的其他情形。

资料来源：中国证监会，《关于改革完善并严格实施上市公司退市制度的若干意见》。

三、评价

2014年退市制度改革的亮点主要有两个方面：一是健全上市公司主动退市制度，充分尊重并保护市场主体基于其意思自治作出的退市决定；二是新增重大违法公司强制退市制度，将投资者和市场反应最强烈的欺诈发行和上市公司重大信息披露违法等严重违规事件，纳入强制退市情形，并明确了相应的暂停上市和终止上市要求。

第五节　2018年的退市制度改革

一、背景

2014年版的退市规则施行后，效果并不理想：2014—2017年的4年间，强制退市的A股上市公司仅有6家，主动退市的8家。而同期，好几家公司涉嫌重大违法，如庞大集团、长生生物等，市场再次呼吁存在重大违法行为的上市公司应及时退出市场。另外，由于2014年版的退市规则在实践中的操作性不强，标准不够客观，证监会在2018年3月启动了新一轮的退市制度改革。

二、主要内容

2018年7月27日，中国证监会发布实施《关于修改〈关于改革完善并严格实施上市公司退市制度的若干意见〉的决定》，2018年11月16日，沪深交易所发布实施《上市公司重大违法强制退市实施办法》，同时发布《股票上市规则（2018年11月修订）》和《退市公司重新上市实施办法（2018年11月修订）》。

这次修改主要对退市制度作出三方面修改完善，包括完善重大违法强制退市的主要情形，强化证券交易所的退市制度实施主体责任，明确重大违法强制退市公司控股股东、实控人、董监高等人员的主体责任等。

一是完善重大违法强制退市的主要情形，新增社会公众安全类重大违法强制退市情形，回应社会期待，并在原来欺诈发行和重大信息披露违法两大领域的基础上，进行了类型化规定，明确了4种重大违法退市情形，即首发上市欺诈发行、重组上市欺诈发行、年报造假规避退市及交易所认定的其他情形。

《上市公司重大违法强制退市实施办法》第二条明确规定"本办法所称重大违法强制退市，包括下列情形：（一）上市公司存在欺诈发行、重大信息披露违法或者其他严重损害证券市场秩序的重大违法行为，且严重影响上市地位，其股票应当被终止上市的情形；（二）上市公司存在涉及国家安全、公共安全、生态安全、生产安全和公众健康安全等领域的违法行为，情节恶劣，严重损害国家利益、社会公共利益，或者严重影响上市地位，其股票应当被终止上市的情形"。

二是明确证券交易所承担退市实施主体责任，依法对相关公司股票实施退市风险警示、作出暂停上市或终止上市的决定。

《上市公司重大违法强制退市实施办法》第四条明确规定"上市公司涉及本办法第二条第（一）项规定的重大违法行为，存在以下情形之一的，其股票应当被终止上市：（一）上市公司首次公开发行股票申请或者披露文件存在虚假记载、误导性陈述或重大遗漏，被中国证监会依据《证券法》第一百八十九条作出行政处罚决定，或者被人民法院依据《刑法》第一百六十条作出有罪生效判决；（二）上市公司发行股份购买资产并构成重组上市，申请或者披露文件存在虚假记载、误导性陈述或者重大遗漏，被中国证监会依据《证券法》第一百八十九条作出行政处罚决定，或者被人民法院依据《刑法》第一百六十条作出有罪生效判决；（三）上市公司披露的年度报告存在虚假记载、误导性陈述或者重大遗漏，根据中国证监会行政处罚决定认定的事实，导致连续会计年度财务指标实际已触及《股票上市规则》规定的终止上市标准；（四）本所根据上市公司违法行为的事实、性质、情节及社会影响等因素认定的其他严重损害证券市场秩序的情形"。

《上市公司重大违法强制退市实施办法》第五条明确规定"上市公司涉及本办法第二条第（二）项规定的重大违法行为，存在以下情形之一的，其股票应当被终止上市：（一）上市公司或其主要子公司被依法吊销营业执照、责令关闭或者被撤销；（二）上市公司或其主要子公司依法被吊销主营业务生产经营许可证，或者存在丧失继续生产经营法律资格的其他情形；（三）本所根据上市公司重大违法行为损害国家利益、社会公共利益的严重程度，结合公司承担法律责任类型、对公司生产经营和上市地位的影响程度等情形，认为公司股票应当终止上市的"。

三是落实因重大违法强制退市公司控股股东、实际控制人、董事、监事、高级管理人员等主体的相关责任，强调其应当配合有关方面做好退市相关工作、履行相关职责的要求。

《关于改革完善并严格实施上市公司退市制度的若干意见（修订）》第（二十）条明确规定"明确强制退市公司相关责任主体的工作要求。强制退市公司的控股股东、实际控制人、董事、监事、高级管理人员等相关责任主体，应当按照本意见的规定履行有关义务及公开承诺要求，积极配合地方政府、证监会及其派出机构、证券交易所做好退市相关工作，切实履行公司退市后正常生产经营的各项职责"。

第六节　2020 年的退市制度改革

一、背景

2019 年 1 月，上海证券交易所设立科创板，并试点注册制，2019 年 7 月，首批科创板公司上市交易；2020 年 4 月，深圳证券交易所创业板改革，并试点注册制，2020 年 8 月，创业板注册制首批企业上市交易。

"常态化"的退市机制是注册制的题中应有之义，伴随注册制的施行，退市制度的改革也随之而来。

2020 年 3 月，新《证券法》正式生效施行，不再对暂停上市和终止上市进行具体规定，改由证券交易所对退市情形和程序做出具体规定。

2020 年 10 月 9 日，国务院印发《国务院关于进一步提高上市公司质量的意见》，将健全上市公司退出机制作为一项重要任务，要求完善退市标准，简化退市程序，加大退市监管力度。

2020 年 11 月 2 日，中央深改委审议通过《健全上市公司退市机制实施方案》，再次明确强调健全上市公司退市机制安排是全面深化资本市场改革的重要制度安排。

2020 年 11 月 3 日公布的《中共中央关于制定国民经济和社会发展第十四个五年规划和二〇三五年远景目标的建议》中，也明确提出了"建立常态化退市机制"。①

二、主要内容

2020 年 12 月 31 日，沪深交易所正式发布新修订的《股票上市规则（2020 年 12 月修订)》等多项配套规则，受市场高度关注的退市制度改革终于落地。其中最受关注的是从严设置重大财务造假退市量化指标：将造假年限由 3 年减少为 2 年；将造假比例由 100％降至 50％；造假金额合计数由 10 亿元降为 5 亿元；同时新增营业收入指标。

首先，本次修订将原来按照退市环节规定的体例，调整为按照退市情形分节规定，即按照退市情形类别分为交易类、财务类、规范类、重大违法类 4 类强制退市类型以及主动退市情形，并按每一类退市情形分节规定相应的退市情形和完整的退市实施程序。

其次，本次修订对于 4 类强制退市指标均有完善。

1. 新增市值退市，连续 20 个交易日总市值均低于人民币 3 亿元将被市值退市。

2. 面值退市标准明确为"1 元退市"，连续 20 个交易日收盘价均低于 1 元将被退市。

3. 取消单一净利润和营收指标的退市指标。新规下扣非前/后净利润孰低者为负且营收低于 1 亿元，将被冠以"＊ST"字样，连续两年扣非前/后净利润孰低者为负且营收低于 1 亿元，将被终止上市；退市风险警示股票被出具非标审计报告的，触及终止上市标准。

4. 新增重大违法财务造假指标：连续 2 年财务造假，营收、净利润、利润、资产负债表虚假记载金额总额达 5 亿元以上，且超过相应科目两年合计总额

---

① 中国证券监督管理委员会. 退市制度 80 问之一退市制度改革［EB/OL］.（2022 - 09 - 23）［2023 - 12 - 20］. http：//www.csrc.gov.cn/jiangxi/c105770/c5736893/content.shtml？ channelid = b853ca781c7149ee8d86 c935087662fl.

的 50%。

再次，新增规范类指标，信息披露、规范运作存在重大缺陷且拒不改正和半数以上董事对于半年报或年报不保真两类情形。出现上述情形，且公司停牌两个月内仍未改正，实施退市风险警示，再有两个月未改正，终止上市。

最后，在退市程序上，本次修订调整主要包括以下两个方面。

1. 取消暂停上市和恢复上市，明确连续两年触及财务类指标即终止上市。

2. 交易类退市不设退市整理期。其余类型退市整理期首日不设涨跌幅限制，退市整理期从 30 个交易日缩减至 15 个交易日。

2023 年 2 月和 8 月，伴随着全面注册制的实施，沪深交易所对"退市新规"进行了修订和归集，《退市公司重新上市实施办法》《风险警示板股票交易管理办法》均被废止，主要退市相关规定集中到了《股票上市规则（2023 年 8 月修订）》和《交易规则（2023 年修订）》。

三、效果及评价

本次退市改革之后，退市速度明显加快，但总体上，退市力度较之于成熟市场仍有较大差距。2021—2023 年，共有 127 家公司退市，其中 104 家强制退市，强制退市数量是改革以前 10 年的近 3 倍，呈现两个特点：一是面值退市显著增多，2023 年面值退市的数量接近全部退市公司的一半，市场优胜劣汰的自我调节机制开始形成；二是重大违法类退市增多，2023 年 8 家公司因达到重大违法标准进入退市程序。

第七节　2024 年的退市制度改革

一、背景

经过 2020 年的改革，已经清退了一批"空壳僵尸"和"害群之马"，常态化退市格局基本形成，但各方对持续加大退市力度的期待仍然较高。

2023 年 2 月 17 日，中国证监会及交易所发布全面实行股票发行注册制的一系列制度规则，并自公布之日起施行，中国股市正式进入"全面注册制"新时代。

2023 年 10 月 30 日至 31 日，中央金融工作会议在北京举行。会议指出"高质量发展是全面建设社会主义现代化国家的首要任务，金融要为经济社会发展提供高质量服务。优化融资结构，更好发挥资本市场枢纽功能，推动股票发行注册制走深走实，发展多元化股权融资，大力提高上市公司质量"。

2024 年 2 月，上证指数最低跌至 2635 点，中国证监会"换帅"，一系列制度改革陆续展开。

2024 年 4 月 12 日，国务院发布《国务院关于加强监管防范风险推动资本市场高质量发展的若干意见》，市场称之为第三个"国九条"。同日，中国证监会发布《关于严格执行退市制度的意见》。这两个意见明确提出，要进一步深化改革，实现进退有序、及时出清的格局，更大力度保护中小投资者合法权益。

二、主要内容

2024 年 4 月 30 日，在新"国九条"和中国证监会《关于严格执行退市制度的意见》加强退市监管的指引下，沪深证券交易所修订完善并正式发布了相关退市规则。本次退市标准的修订，是在 2020 年退市改革的基础上进一步完善四类强制退市标准，突出对财务造假、内控失效等乱象的威慑力度，完善对违法违规行为的全方位、立体化打击体系。具体内容包括以下几个方面。

第一，设置重大违法强制退市适用范围。对于"造假金额 + 造假比例"的标准修改为一年、两年、三年及以上三个层次。具体来说：（1）一年虚假记载金额达到 2 亿元以上，且占比超过 30%。（2）连续两年虚假记载金额达到 3 亿元以上，且占比超过 20%。（3）连续三年及以上年度存在虚假记载。

第二，新增三项规范类退市情形。一是新增"资金占用"退市指标。上市公司出现控股股东（无控股股东，则为第一大股东）及其关联方非经营性占用资金，余额达到最近一期经审计净资产绝对值 30% 以上，或者金额超过 2 亿元，被中国证监会责令改正但公司未在规定期限内改正的，对公司股票予以停牌，在停牌 2 个月内仍未改正的，实施退市风险警示，此后 2 个月内仍未改正的，对公司股票予以终止上市。二是新增内控非标审计意见退市情形。连续两年内部控制审计报告为无法表示意见或者否定意见，或未按照规定披露内部控制审计报告的，公司股票被实施退市风险警示，第三年公司内部控制审计报告为非无保留意见的，对公司股票予以终止上市。三是新增控制权无序争夺退市情形。本次修订增加一项信息披露或者规范运作存在重大缺陷退市情形，即"上市公司控制权无序争夺，导致投资者无法获取公司有效信息"。

第三，完善组合类财务退市指标。一是主板组合类财务退市指标中的营业收入标准由"低于 1 亿元"调整到"低于 3 亿元"，以及在"扣除非经常性损益前后的净利润孰低者为负值"中增加利润总额为负的考察维度，修改后的组合指标为"利润总额、净利润或者扣除非经常性损益后的净利润孰低者为负值且营业收入低于 3 亿元"。二是增加财务类退市风险警示公司（＊ST 公司）撤销退市风险警示的条件，要求其内部控制审计报告为无保留意见，否则将予以退市。

第四，提高市值类强制退市标准，将原来"连续 20 个交易日在本所的每日股票收盘总市值均低于 3 亿元"修改为"连续 20 个交易日在本所的每日股票收盘总市值均低于 5 亿元"。

第三章　退市问题的国际经验

19世纪40年代开始，欧美等全球各主要证券交易所才有了上市公司退市的明文规定，距今已有近200年的历史。

伴随实业和科技的发展，欧美等全球主要证券交易所的退市制度都经历了数次调整。除欺诈发行、财务造假等公认底线标准外，欧美等全球各主要证券交易所现在的退市制度逐渐淡化利润、市值等财务指标，逐渐强化上市公司交易价值判断。

相比较而言，境外成熟证券市场的退市公司数量和退市率普遍高于中国股市，退市制度整体较为先进。因此，总结和借鉴境外成熟证券交易所的退市经验，对进一步健全完善中国股市的退市制度有一定的现实意义。

第一节　美国的经验

一、美国的退市制度运行情况

（一）退市数量占IPO数量的比例超过70%，真正实现了"大开大合""大进大出"

美国是当今世界上资本市场搞得最好的国家，美国股市真正做到了慢牛长牛，并培育出了一批伟大的企业。

美国自20世纪30年代实施注册制以来，纽约证券交易所每年大约有6%的公司退市，纳斯达克的退市率约为8%，真正做到了"大开大合""大进大出"，在股市的投资和融资功能的发挥上，做到了动态平衡和"新陈代谢"健康。

如图3-1所示，过去15年，即从2008年国际金融危机之后的2009年至2023年，美国纽交所和纳斯达克合计新上市公司数量（IPO，首次公开发行）累计达到 5617 家，平均每年 374 家，但是，两大交易所的存量上市公司家数，仅从 3717 家增加到 5351 家，15 年间，仅增加了 1634 家上市公司，平均每年仅增加 109 家，这其中最重要的原因，就是大量的公司在上市几年后很快就退市了。

如图 3-2 和图 3-3 所示，过去 15 年间，纽交所和纳斯达克合计退市公司数量达到 3983 家，平均每年退市 266 家，其中，纽交所退市 1038 家，纳斯达克退市 2945 家。退市公司数量占到 IPO 数量的 71%，其中，纽交所退市数量占 IPO 数量的 61%，纳斯达克退市数量占 IPO 数量的 75%。

这说明，美股实施的是"大进大出"，IPO 数量和退市数量大体相当，在有些年份，比如 2022 年和 2023 年，退市公司的数量甚至超过当年的 IPO 数量。

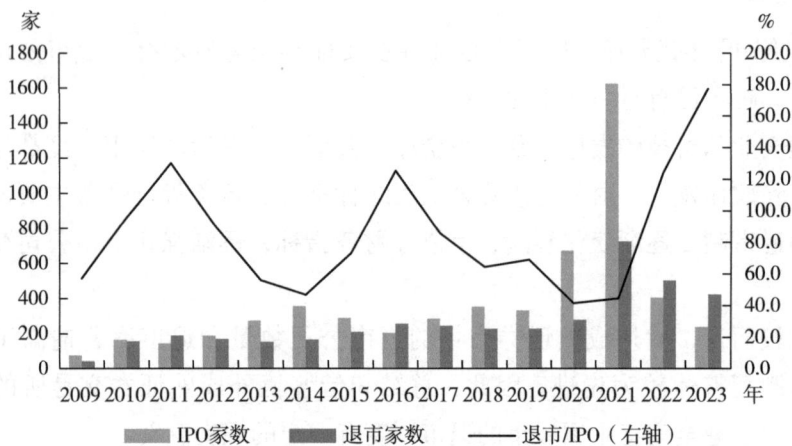

图 3-1　美国股市历年退市家数和 IPO 家数对比（2009—2023 年）

（资料来源：Wind）

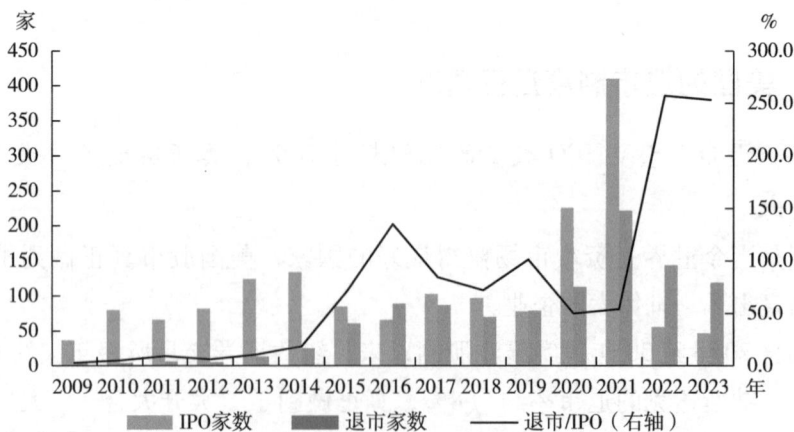

图 3-2　纽交所历年退市家数和 IPO 家数对比（2009—2023 年）

（资料来源：Wind）

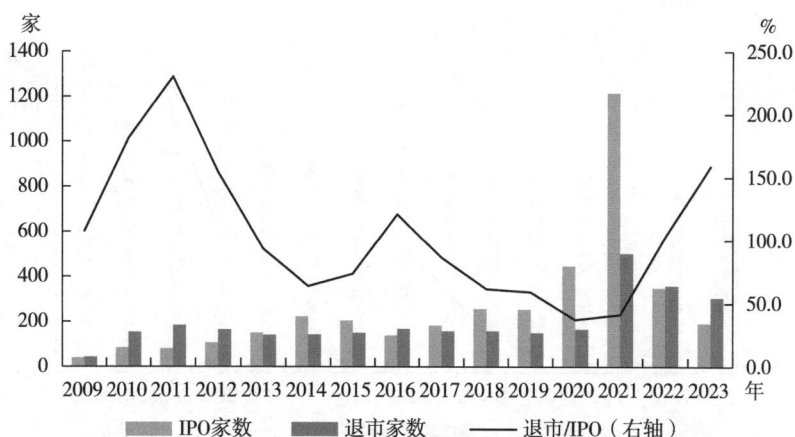

图 3-3 纳斯达克历年退市家数和 IPO 家数对比（2009—2023 年）

（资料来源：Wind）

（二）美国股市的退市率超过 6%，"新陈代谢"良好

在退市率方面，过去 15 年，美国股市年均退市家数为 266 家，其中，纽交所年均退市家数为 69 家，纳斯达克为 196 家，退市家数占当年存量上市公司总数的比例为 6.1%，其中，纽交所年均退市率为 3.6%，纳斯达克年均退市率为 7.3%（见图 3-4、图 3-5、图 3-6）。也就是说，大概不到 15 年的时间，美国股市上的上市公司就会换一遍，股市的"新陈代谢"机制非常健康。

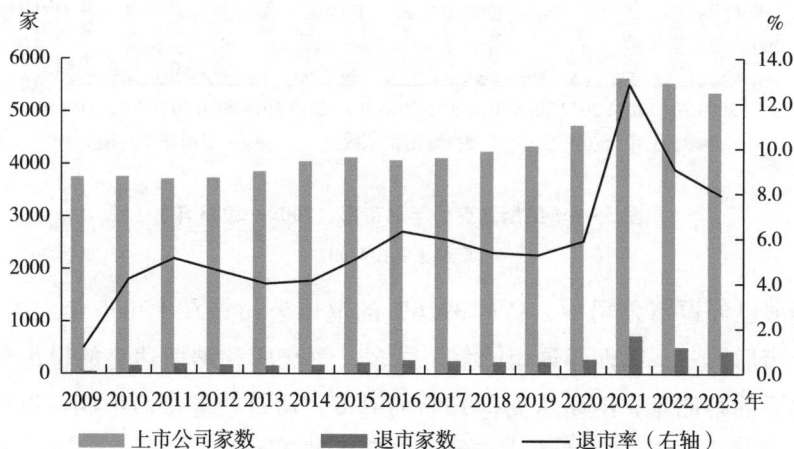

图 3-4 美国股市历年退市率（2009—2023 年）

（资料来源：Wind）

（三）上市后的第三年和第四年是退市高峰

上海证券交易所资本市场研究所的研究显示，从 1980 年到 2017 年的这 37 年

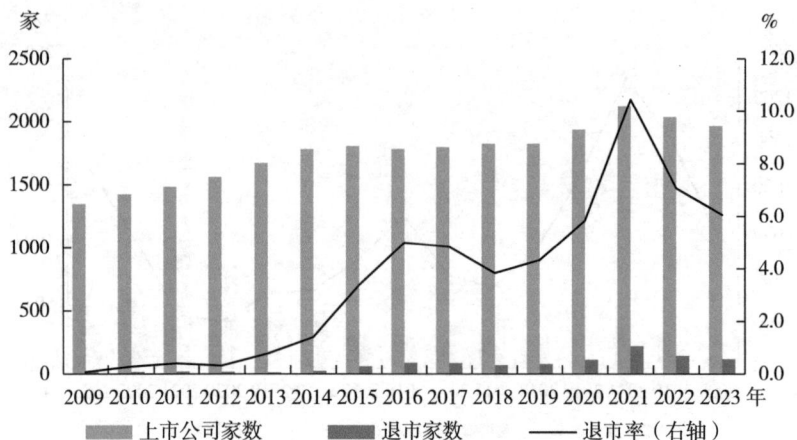

图 3 - 5　纽交所历年退市率（2009—2023 年）

（资料来源：Wind）

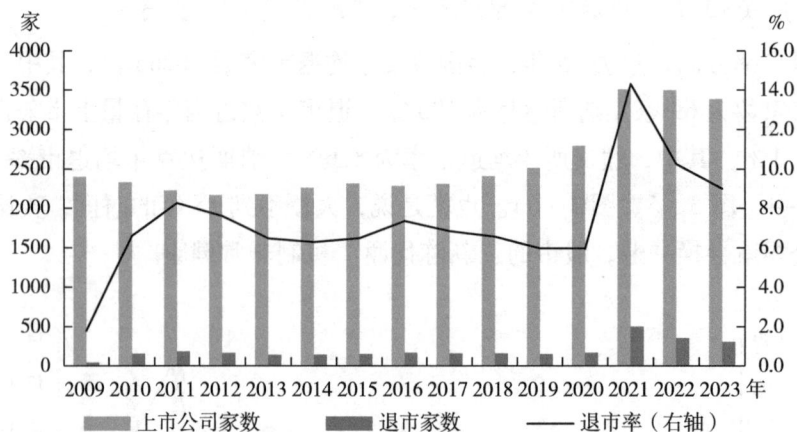

图 3 - 6　纳斯达克历年退市率（2009—2023 年）

（资料来源：Wind）

间，在美股已经退市公司中，高达 39.6% 的退市公司是在上市五年之内退市的。其中，上市后第三、第四年退市的公司最多。纽交所和纳斯达克的退市高峰都是在上市之后的第四年，纳斯达克有 13% 的退市公司是在上市后第四年退市的，纽交所有 10% 的退市公司是在上市后第四年退市的。[①]

（四）退市原因

上海证券交易所资本市场研究所的研究显示，从 1980 年到 2017 年的这 37 年

---

① 资料来源于上海证券交易所资本市场研究所的《全球主要资本市场退市情况研究及对科创板的启示》。

间，在美股已经退市公司中，有63%的公司是主动退市，强制退市占比为37%。在主动退市中，35%是因私有化而退市，另外28%是因为被另外一家上市公司并购而退市。在强制退市中，因财务指标不满足上市要求而导致退市的占比为15%，因股价过低、股东人数过少等指标导致退市的占比为11%，因破产清算等原因而导致退市的占比为5%。[①]

分交易所来看，纽交所主动退市多于纳斯达克，而纳斯达克强制退市多于纽交所。因财务问题而被强制退市的比例，纳斯达克远高于纽交所，高出一倍多；因交易指标而被强制退市的比例，纳斯达克也远高于纽交所，高出4倍。具体来看，纽交所主动退市和强制退市占比分别为70%和30%；在纽交所主动退市中，私有化和吸收合并分别占比36%和34%；在纽交所强制退市中，财务类占比8%，交易类占比3%，规范类占比8%，其他占比10%。纳斯达克主动退市和强制退市占比分别为61%和39%；在纳斯达克主动退市中，私有化和吸收合并分别占比35%和26%；在纳斯达克强制退市中，财务类占比17%，交易类占比13%，规范类占比5%，其他占比4%（见表3-1）。

表3-1　　　　　　　　　　　美国股市退市原因

退市类型	退市原因	纽交所（%）	纳斯达克（%）	整体（%）	合计（%）
主动退市	私有化等	36	35	35	63
	吸收合并	34	26	28	
强制退市	财务类强制退市	8	17	15	37
	交易类强制退市	3	13	11	
	规范类强制退市	8	5	5	
	其他：转板等	10	4	5	
合计		100	100	100	100

资料来源：WRDS。

二、美国股市的退市制度简介

（一）纽约证券交易所

跟全世界其他的证券交易所一样，纽约证券交易所（以下简称纽交所）的退市制度，也是分为主动退市和强制退市两种。主动退市是由上市公司发起，通常是因为并购和私有化等原因。强制退市是由纽交所发起，主要是因为上市公司违

---

① 资料来源于上海证券交易所资本市场研究所的《全球主要资本市场退市情况研究及对科创板的启示》。

反了一项或多项持续上市标准，或者说是因为上市公司满足了任何一条或多条退市条件。

纽交所的退市标准在主动退市标准方面的规定较少，主要集中在强制退市方面。纽交所《上市公司守则》第102、第103、第802－804号条款对上市公司的强制性退市标准作了较为详细的规定与说明。其中，第802号持续上市规定（Continued Listing Criteria）第01A条款主要对股东人数和成交量等进行了要求。802.01B、C和103.01条款则对股票市值、营业收入、现金流等财务指标作了相应的规定。802.01D条款则规定，在经营资产或经营范围减少、破产或清算、交易所认定证券失去投资价值、违反公共利益及其他可能导致退市的情况出现时，交易所有权对其暂停或终止上市。

不管公司是依据哪种标准实现上市的，纽交所均要求其持续满足常规标准和初始上市条件，否则将触发强制性退市。强制退市标准包括定性指标和量化指标两类（见表3－2和表3－3），具体包括：一是流动性指标，主要包括股东数量、公众持股量、交易量、市值、股价等。二是持续经营能力指标，主要包括主营活动是否停止、是否有破产清算、无法偿还债务、没有财务运营能力等。三是合规性指标，主要包括是否未按时披露年报、是否违反上市协议、是否违反公众利益和公共政策、是否召开审计委员会、是否被出具非标审计意见等。

表3－2　　　　　　　　　　纽交所强制退市的量化标准

分类	触发方式	指标
股价标准		连续30个交易日的平均收盘价低于1美元
市值标准		连续30个交易日平均总市值少于1500万美元
股东结构标准	满足任何一项	股东人数少于400人
		股东人数少于400人，并且，过去12个月的月均成交量少于10万股
		公众持股量少于60万股，其中，高管及直系家庭成员集中持股数达到10%或以上的人员持股数不计为公众持股量，且交易所会员持股数不包括在股东数量中
以单纯"税前利润"标准获得上市资格的企业	同时满足	连续30个交易日平均总市值少于5000万美元，并且，股东权益少于5001万美元
以"市值＋营业收入"标准获得上市资格的企业	满足任何一项	连续30个交易日总市值少于3.75亿美元，并且，总收入在过去12个月中少于1500万美元
		连续30个交易日平均总市值少于1亿美元
以"市值＋营业收入＋现金流"标准获得上市资格的企业	满足任何一项	连续30个交易日总市值少于2500万美元，并且，总收入在过去12个月中少于2000万美元
		连续30个交易日平均总市值少于7500万美元

续表

分类	触发方式	指标
以关联公司标准获得上市资格的企业	同时满足	上市公司的母公司或关联公司不再控股该公司，或者母公司或关联公司不再符合上市条件
		连续30个交易日平均总市值少于7500万美元，并且，股东权益少于7500万美元

资料来源：纽约证券交易所官网。

表3-3　　　　　　　　　　纽交所强制退市的定性标准

序号	退市标准
1	经营资产或经营范围减少：经营资产由于被出售、租赁、没收，或公司停止经营，或由于各种原因公司终止了其主营业务的经营活动
2	破产（或）清算：公司依据破产法提出破产申请或公司已开始清算，或者公司依据破产法申请重组，交易所将决定公司是否会被强制退市
3	纽交所认可的权威性报告指出公司股票没有投资价值
4	证券注册不再有效：根据《1934年证券交易法》注册或豁免注册不再有效
5	公司违背了与纽交所签订的上市协议：如未能及时、全面和准确地向股东和公众披露信息，在公司盈利和财务状况的报告中没有遵守会计惯例等
6	违背公众利益和公共政策要求：纽交所认定公司或其管理者从事的经营活动违背了公众利益和公共政策要求
7	公司财务和经营状况不令人满意：无法偿还当前债务或没有适当的财务运营能力
8	公司财务报告被会计师出具了"非标"审计意见
9	财务报告存在虚假记载
10	股东大会上未征询代理人意见
11	符合交易所要求的审计委员会的权力没有得到维护
12	为满足相关要求的情况下，用公司资金购买自家公司股票

资料来源：纽约证券交易所官网。

（二）纳斯达克证券交易所

纳斯达克市场是美国最大的上市场所，上市公司大多是高科技企业。纳斯达克市场内部设有全球精选市场（NASDAQ GS）、全球市场（NASDAQ GM）和资本市场（NASDAQ CM）三个市场板块。全球精选市场的上市标准最高，其上市公司主要是大型优质企业；全球市场属于中间层次，其上市公司主要是中型企业；资本市场是纳斯达克建立初期最早设立的市场层次，上市标准最低，其上市公司主要是小微型企业。根据不同市场特点，纳斯达克分别制定了不同的初始上市条件和持续上市要求，当上市公司不能满足持续上市要求时，即触发退市。

　　纳斯达克的持续上市要求，包括三类指标：一是交易类指标，包括公众持股数量、持股市值、做市商数量等；二是持续经营指标，包括资产、收入、股东权益等；三是合规性指标，包括信息披露、独立董事、审计委员会等要求（见表3-4、表3-5、表3-6）。前两类为定量指标，后一类为定性指标。

表3-4　　　　纳斯达克全球精选和全球市场的持续上市要求（量化指标）

市场	指标	以"股东权益标准"上市的企业	以"市值标准"上市的企业	以"总资产/总收入标准"上市的企业
全球精选和全球市场	股东数量	400人	400人	400人
	每股价格（连续30个交易日的平均收盘价）	1美元	1美元	1美元
	公众持股数量	75万	110万	110万
	公众持股市值	500万美元	1500万美元	1500万美元
	做市商数量	2	4	4
	股东权益	1000万美元		
	股票市值		5000万美元	
	总资产和总收入（最新一年财报或最近三个财年中的两年数据）			总资产和总收入均达到5000万美元

资料来源：纳斯达克交易所官网。

表3-5　　　　纳斯达克资本市场的持续上市要求（量化指标）

市场	指标	以"股东权益标准"上市的企业	以"市值标准"上市的企业	以"净利润标准"上市的企业
资本市场	股东数量	300人	300人	300人
	每股价格（连续30个交易日的平均收盘价）	1美元	1美元	1美元
	公众持股数量	50万	50万	50万
	公众持股市值	100万美元	100万美元	100万美元
	做市商数量	2	2	2
	股东权益	250万美元		
	股票市值		3500万美元	
	持续经营的净利润（最新一年财报或最近三个财年中的两年数据）			50万美元

资料来源：纳斯达克交易所官网。

表 3 - 6　　　　　　　　　　纳斯达克持续上市要求（定性指标）

指标	内容
召开股东大会	公司必须在财年结束一年内召开年度股东年会
股东大会法定人数	股东会议中，持有普通股的股东数量必须不低于发行股数的 33.3%
股东大会批准事项	回购股票比例达 20%、关联方收购已发行股票 5% 以上、股权补偿、发行导致控制权变更、私募配售已发行股票数量 20% 以上且价格低于股价或账面价值等事宜需获得股东大会批准
财报披露	公司必须向股东提供年度和中期财报，通过邮件或公司网站等方式
独立董事	独立董事必须占董事会多数席位
审计委员会	公司必须设立三人以上且全部由独立董事组成的审计委员会，并满足：所有成员均符合独立性要求；均不参与公司或其子公司财务报告的准备；均能理解基本的财务报告；至少一人必须拥有丰富的财务知识
薪酬委员会	公司必须设立两人以上且全部由独立董事组成的薪酬委员会，薪酬委员会成员必须通过额外的独立性测试。薪酬委员会必须确定或向董事会建议公司首席执行官和其他高管的薪酬
董事提名	董事候选人必须由独立董事选择或推荐
投票权	公司行为不得损害或限制现有股东的投票权
代理权征集	公司需要为所有股东大会征集代理人
行为准则	公司必须制定公开且适用于所有董事、高管和员工的行为准则

资料来源：纳斯达克交易所官网。

第二节　英国的经验

一、英国的退市制度运行情况

（一）"进出平衡"，退市数量占 IPO 数量的 85.7%

过去 10 年，即从 2014 年至 2023 年，英国伦敦证券交易所新增上市公司（新股发行，IPO）数量累计 764 家，但是上市公司家数，仅从 1567 家增加到 1794 家，10 年间，仅增加了 227 家上市公司，平均每年仅增加 22 家。这说明，与美国股市一样，英国股市实施的也是"大进大出"，IPO 数量和退市数量大体相当（见图 3 - 7）。

数据显示，过去 10 年间，英国伦敦证券交易所合计退市公司数量达到 655家，其中，主板市场退市 316 家，AIM（另类交易市场）退市 344 家。退市公司数量占到 IPO 数量的 85.7%，其中，主板退市数量占 IPO 数量的 62.5%，AIM（另类交易市场）退市数量占 IPO 数量的 90.3%（见图 3 - 8 和图 3 - 9）。

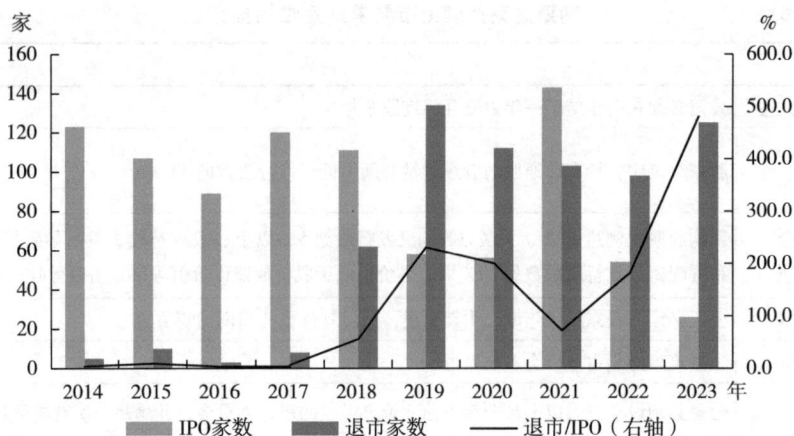

图 3 - 7　伦敦证券交易所历年退市家数和 IPO 家数对比（2014—2023 年）

（资料来源：Wind）

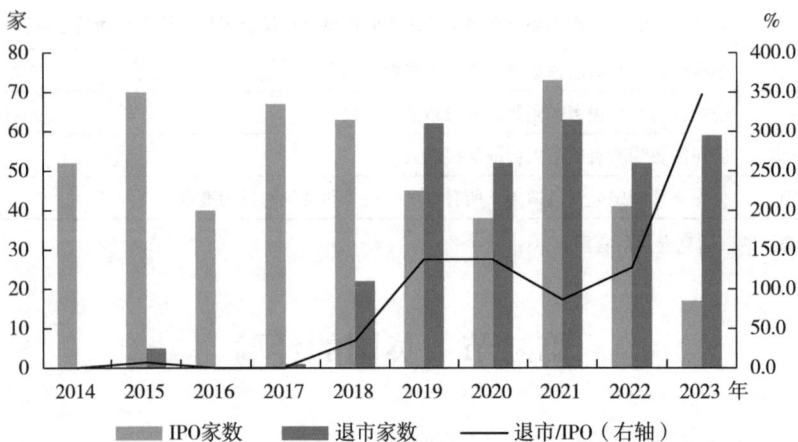

图 3 - 8　伦敦证券交易所主板历年退市家数和 IPO 家数对比（2014—2023 年）

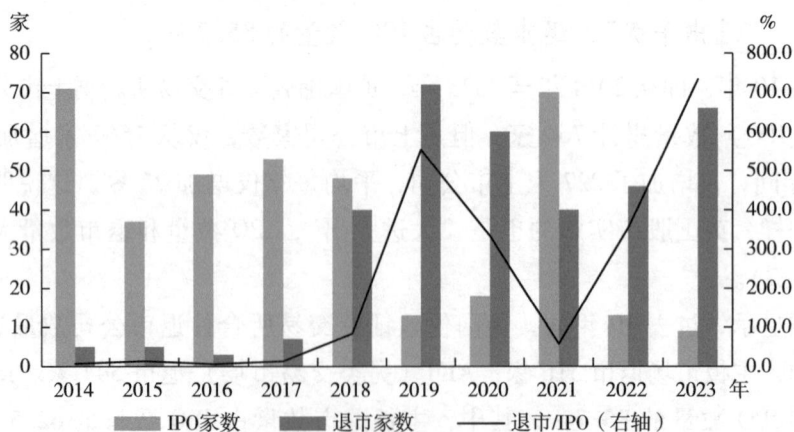

图 3 - 9　伦敦证券交易所 AIM（另类投资市场）

历年退市家数和 IPO 家数对比（2014—2023 年）

（资料来源：Wind）

（二）伦敦证券交易所退市率超过3%，"新陈代谢"健康

在退市率方面，过去10年，伦敦证券交易所年均退市家数为66家（见图3－10），其中，主板年均退市家数为32家（见图3－11），AIM（另类投资市场）为34家（见图3－12），退市家数占当年存量上市公司总数的比例为3.5%，其中，主板年均退市率为3.0%，AIM（另类投资市场）年均退市率为4.1%。

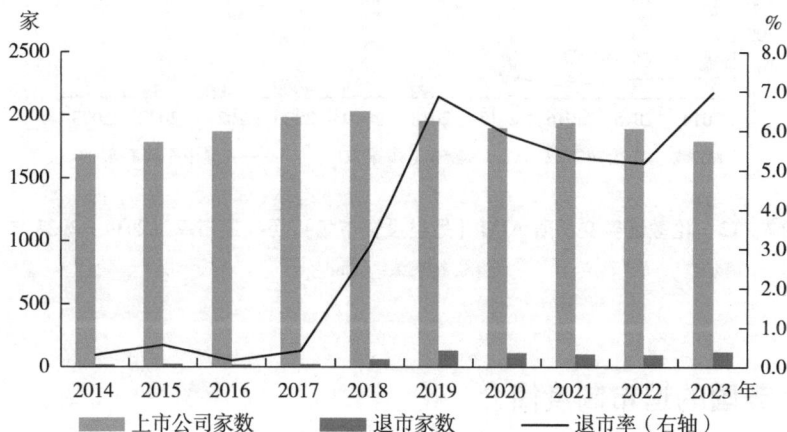

图3－10 伦敦证券交易所历年退市率（2014—2023年）
（资料来源：Wind）

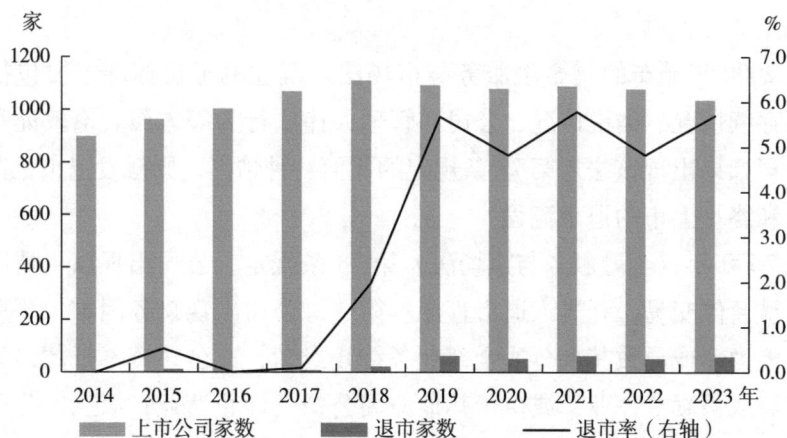

图3－11 伦敦证券交易所主板历年退市率（2014—2023年）
（资料来源：Wind）

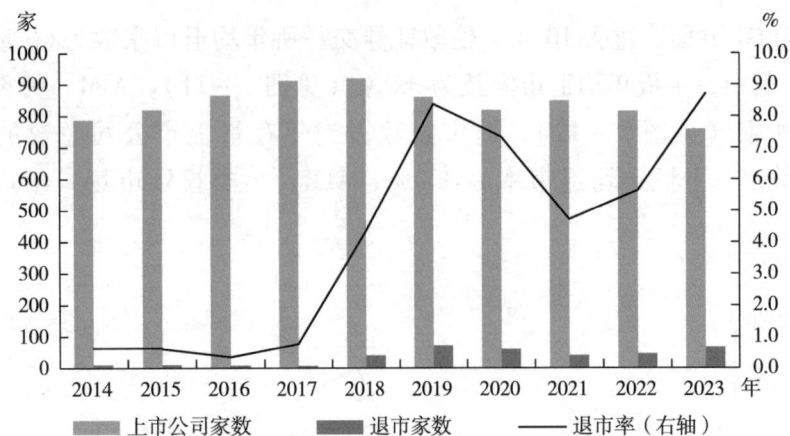

图 3 - 12　伦敦证券交易所 AIM（另类投资市场）历年退市率（2014—2023 年）

（资料来源：Wind）

二、英国的退市制度简介

英国股市的退市制度，由伦敦证券交易所制定。与全球其他交易市场相比，英国较少设立定量的退市标准，更多的是由交易所结合实际情况进行主观考量，具备一定的裁量权，交易所可在其认为适当的情况下，暂停该等证券的交易。

英国 2000 年颁布的《金融服务与市场法》确立的退市标准主要包括公司财务状况、存续情况、纳税情况、公司和管理人违法行为等方面。伦敦证券交易所的上市公司如果出现该法规第 78 条规定的任何一种情形，则触发退市机制，进入暂停上市和终止上市的退市流程。

英国 2000 年《金融服务与市场法》第 78 条规定，公司出现以下情况时，公司股票将被暂停交易，并进入退市程序：第一，公司出现财务困难，严重损害其持续经营能力，或导致其部分或全部业务终止经营，或公司资不抵债；第二，公司已被清算或被勒令停业，或由于其他原因公司已停止营业；第三，公司资产的接收人或管理人已被任命，或公司已与其债权人达成妥协或计划安排；第四，公司应交纳的行政费用未如数上交；第五，无论是在英国或其他国家及地区，公司有董事已被判定触犯法律；第六，公司所有董事中有人违反《金融服务与市场法》（见表 3 - 7）。

表 3 – 7 伦敦证券交易所退市标准

指标	指标内容
财务状况	公司出现财务困难，严重损害其持续经营能力，或导致其部分或全部业务终止经营，或公司资不抵债
破产清算	公司已被清算或被勒令停业，或由于其他原因公司已停止营业
	公司资产的接收人或管理人已被任命，或公司已与其债权人达成妥协或计划安排
费用支付	公司未如数上交应交纳的行政费用
违法违规	在英国或其他国家及地区，有公司董事被判定触犯法律
	公司所有董事中有人违反《金融服务与市场法》
信息披露	企业未承担单独的披露责任。英国《资产管理条例》的披露责任涉及履行管理职责的人士及其密切相关人士披露内幕消息和披露交易或与交易所市场的完整性或有序运作有关而合理要求的任何信息或解释

资料来源：伦敦证券交易所官网。

第三节　中国香港的经验

一、香港的退市制度运行情况

（一）"大进小出"，退市数量仅占 IPO 数量的 22%

一方面，过去 15 年，即从 2008 年国际金融危机之后的 2009 年至 2023 年，香港证券交易所 IPO 数量累计达到 1715 家，上市公司家数从 1261 家增加到 2609 家，15 年间，上市公司数量增加了一倍多，平均每年增加 90 家。

另一方面，过去 15 年间，港交所合计退市公司数量为 375 家（见图 3 – 13），

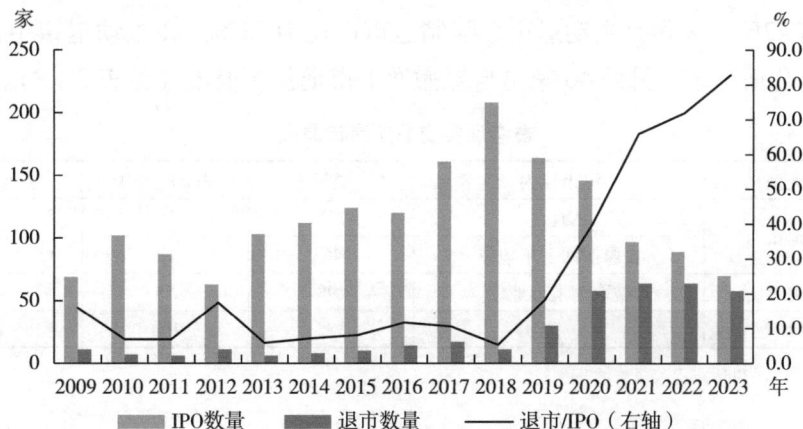

图 3 – 13　香港股市历年退市家数和 IPO 家数对比（2009—2023 年）

（资料来源：Wind）

43

其中，主动退市 177 家，强制退市 198 家，主动退市与强制退市基本上各占一半。退市公司数量占 IPO 数量的 21.9%，这说明，香港实施的是"大进小出"，IPO 数量远大于退市数量。

（二）香港平均年退市率仅为 1.1%

在退市率方面，过去 15 年，香港股市年均退市家数仅为 25 家（见图 3 - 14），其中，主动退市平均家数为 12 家，强制退市为 13 家，退市家数占当年存量上市公司总数的比例为 1.1%。

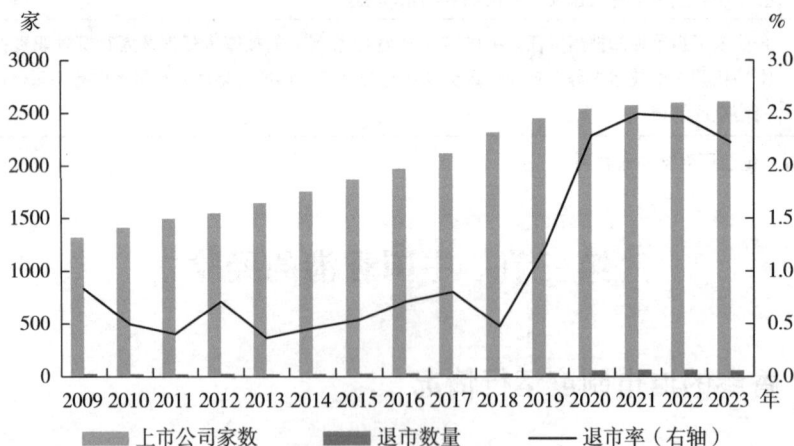

图 3 - 14 香港股市历年退市率（2009—2023 年）

（资料来源：Wind）

（三）退市原因

从退市原因来看，从 2009 年到 2023 年的 15 年间，在香港股市已经退市的公司中，有 47% 的公司是主动退市，强制退市占比为 53%。在主动退市中，131 家是因私有化而退市，另外 46 家是自愿撤回上市地位而退市（见表 3 - 8）。

表 3 - 8 　　　　　　　　　　　香港证券交易所退市原因

退市类型	退市原因	数量	占比（%）	合计（%）
主动退市	私有化	131	35	47
	自愿撤回上市地位	46	12	
强制退市	被取消上市地位	198	53	53
合计		375	100	100

资料来源：Wind。

二、香港的退市制度简介

香港的退市相关规定主要出自《主板上市规则》《创业板上市规则》等文件。

港交所在强制退市标准中设定的定量指标较少，只有公众持股数量和财务指标中的资产负债比两项，而对公司经营结果（如年度盈利或者亏损）不设量化标准。

港交所对主板和创业板设立了相同的强制退市标准，主要有四条：一是社会公众的持股比例小于总股本的25%；二是公司净资产为负或资不抵债；三是公司出现财务困境，以致严重损害其继续经营业务的能力，或导致其部分或全部业务停止运作；四是交易所认为公司或其业务不再适合上市。不适合上市的情况包括：董事或对公司有重大影响的人士出现诚信问题；严重违反《上市规则》；未能披露重要信息；违反法律及法规；受贸易或经济制裁；公司业务架构不足以保障其资产及股东权益；公司过度依赖单一主要客户/供货商或会令人严重怀疑其业务模式是否可行及可持续；财务造假；重大的内部监控失当（见表3-9）。

表3-9 香港证券交易所退市规则

主动退市	强制退市
私有化	公众持股数量少于总股本的25%
主动撤回上市地位	净资产为负或资不抵债
转板	公司出现财务困境，以致严重损害其继续经营业务的能力，或导致其部分或全部业务停止运作
其他	董事或对公司有重大影响的人士出现诚信问题；严重违反《上市规则》；未能披露重要信息；违反法律及法规；受贸易或经济制裁；公司业务架构不足以保障其资产及股东权益；公司过度依赖单一主要客户/供货商或会令人严重怀疑其业务模式是否可行及可持续；财务造假；重大的内部监控失当

资料来源：香港证券交易所官网。

第四节 其他境外市场的经验

一、印度孟买证券交易所

长期以来，印度股票市场实现了注册制下的"大开大合"，平均达到了"上两家退一家"的动态平衡。

印度股市在1992年开始推行注册制改革，此后上市公司数量直线上升，1993—1997年，新增上市公司分别为316家、549家、968家、1281家和1105家，上市公司总数也从1992年底的2781家一路增长到1997年底的5843家，5年间上市公司数量增长一倍多。

随着上市公司的不断增加，退市需求也在不断增长。2003年，印度证券交易委员会出台了《证券退市指引》。《证券退市指引》出台后的第二年，也即2004年，印度孟买证券交易所全年共有851家公司退市，占当年全部5296家上市公司总数的16%，其中绝大多数公司因违反上市协议规定被暂停交易超过3年而退市。

此后的2005—2015年，孟买证券交易所的退市公司数量一直维持在100家以内，上市公司数量长期维持在5000家左右，在多数年份，当年新上市公司总数略大于退市公司数量。到了2015年，在孟买证券交易所上市的5700多家公司中，有1449家公司的股票被暂停交易，其中1000多家公司被暂停7年以上。[1]

2016年，孟买证券交易所开始清理被暂停交易多年的股票。当年，258家已暂停交易超过13年的公司，被强制退市。2017年，又有391家公司因多年暂停交易而被强制退市。2018年，又有499家暂停交易的公司被强制退市。

在退市原因方面，陆佳仪和潘妙丽（2014）发现：未遵守上市协议被暂停交易是孟买证券交易所强制退市的主要原因。根据统计，孟买证券交易所在2001—2010年间退市的1522家公司中，首先是因违反上市协议被处罚强制退市的，共有876家，占比57%；其次是因合并分立等重大资产重组退市的，共243家，占比15.4%；最后是因破产退市的，共228家，占比15%。[2]

在退市规则方面，2003年和2009年出台的《证券退市指引》和《股权退市规则》，将上市公司退市分为了主动退市与强制退市两种，并以独立的章节规定了这两种情况的退市标准。

公司主动退市必须满足：一是上市时间达到三年以上；二是在上市公司退出所有全国性交易所的情况下，公众投资者需要被给予退出机会，退出价格需按照询价法制定（见表3-10）。

表3-10 印度的强制退市标准

标准	内容
流通股比例	公共投资者的持股比例低于25%，同时参考公司现有实收资本、市场份额、股价高低、股票市值
流动性	股票流动性不足，过去三年未达到最低的成交水平要求
财务	上市公司的财务表现不达标，例如，公司净资产为负且连续三年亏损，公司过去2~3年的收入、利润、现金储备及分红情况和公司有形资产规模都是衡量其财力的参考指标
遵守上市协议	上市公司未按约定履行上市协议所规定的责任与义务，例如，按时提交审计或未审计的财务报告、支付上市费用、投资者服务等，超过6个月
重大违法	上市公司发起人董事存在内幕交易、操纵市场等严重违规行为

---

[1] 资料来源于陆佳仪、潘妙丽的《印度股票退市制度研究》（上证研报〔2019〕048号）。
[2] 资料来源于陆佳仪、潘妙丽的《印度股票退市制度研究》（上证研报〔2019〕048号）。

续表

标准	内容
与交易所联系中断	上市公司发起人或董事消失或与交易所断联，或该公司地址失效，无法被交易所找到
财务或运营风险	上市公司出现债务风险，无法再为经营提供足够的融资，或在过去 2~3 年内未支付本息，或已停业，已无员工或清算者

资料来源：《印度股票退市制度研究》。

二、东京证券交易所的退市制度

日本东京证券交易所规定的上市公司退市标准较为完善，涵盖公司股本数量、股权结构和分散程度、交易量及市值、股利分配、负债，以及信息披露等指标（见表3-11）。

东京证券交易所退市流程包括三个主要步骤：一是对拟退市公司实施特别处理，给予公司一定期限，观察其是否能够重新达到上市标准。二是交易限制。如果公司在限期内未达到重新上市标准，交易所将停止标的的交易。三是最终决定。如果在停止交易后仍未改善则决定终止公司上市，股票由交易所内的整理处进行处理，3个月后正式终止上市。

表3-11　　　　　　　　　　　东京证券交易所退市标准

标准	内容
股东人数	小于 400 人（1 年宽限期）
流通性	流通股小于 2000 个单位，或流通市值小于 5 亿日元，或流通股占总股本的比重小于 5%（1 年宽限期）
交易量	过去一年平均月交易量小于 10 个单位，或 3 个月没有交易
市值	证券市值小于 10 亿日元，且在未来 9 个月内没有改善，或市值小于总发行股本数的 2 倍，且 3 个月内没有改善
净资产为负	净资产为负，且在一年内没有改善
虚假陈述或"非标"审计意见	上市公司在年报或半年报中进行了"虚假陈述"，且造成了重大影响；或上市公司的财务报告被出具"非标"审计意见，且造成了重大影响
其他	违反上市协议，未及时提交年度报告、季度报告等

资料来源：东京证券交易所官网。

第五节　退市制度的国际经验总结

一、成熟市场的退市制度运行情况远好于新兴市场

第一，成熟市场的退市率远高于新兴市场，通过较高的退市率，市场逐步建

立起对上市公司严格的约束机制，保证了上市公司整体质量，使市场的投资和融资达到动态平衡。从境外各主要交易所的数据来看，新兴市场的退市率一般在1%左右，而成熟市场的退市率一般都在3%以上。

第二，成熟市场的退市数量与IPO数量基本相当，退市数量略少于IPO数量。从境外各主要交易所的数据来看，新兴市场的退市数量占IPO的比例约为5%~20%，呈现"大进小出"状态，而成熟市场的退市数量占IPO的比例通常超过50%，甚至达到70%以上。

第三，过去二十多年，沪深A股的平均退市率仅为0.4%，退市数量占IPO数量的比例仅为5.3%。2021年"常态化"退市机制建立以来，退市数量明显增多，但退市率仍然不到1%，退市数量占IPO数量的比例也还不到10%，与境外主要证券交易所相比，仍有较大的差距。

二、成熟市场主动退市与强制退市的比例大体相当

在成熟市场，退市并不是一个贬义词，是否退市不是评判一家公司好坏的绝对标准。退市后，公司就不必再向交易所缴纳各种费用，可显著降低成本，并且，退市以后，公司就不必再履行证券交易所要求的上市公司信息披露要求，有利于保护商业机密，因此，成熟市场的退市率较高。从境外各主要交易所的数据来看，在成熟市场，主动退市与强制退市各占一半，在某些年份，某些市场，主动退市数量甚至超过强制退市数量。比如，2022年6月10日，滴滴正式从纽交所主动退市，当日股价报收2.29美元/股，跌幅2.97%，总市值停留在111.16亿美元。之后，滴滴转入OTC（Over-the-Counter，场外交易市场）进行交易；4年后，即2024年6月10日，滴滴的股价为4.31美元/股，总市值为209亿美元。

截至2023年底，沪深A股共有53家上市公司主动退市，占全部234家退市公司总数的比例为22.6%，与境外成熟市场相比相差较大。并且，沪深A股主动退市的上市公司，大部分都是因为"吸收合并"而退市，在53家主动退市的公司中，有40家是因为"吸收合并"而退市，占比接近80%，因"私有化"和"主动终止上市"的公司非常少。

三、退市标准与上市标准相统一，是退市制度高效运行的前提

股票市场的"进口"和"出口"是一个相互联系的整体，二者相互影响，所以，退市标准与上市标准相统一，是退市制度高效运行的前提和保障。以美国和英国的资本市场为例，上市标准和退市标准基本上是一一对应的，退市标准的制定以上市标准为基础，充分考虑到了公司与公司之间的差异，提高了退市制度的

公平性、有效性和可操作性。

　　虽然中国的沪深交易所及交易所内的各板块，已经设置了差异化的上市和退市标准，但是，上市标准和退市标准是割裂的，没有建立对应关系。例如，上海证券交易所科创板针对不同的企业类型设计了 5 套不同的上市标准，但对于退市，却采用了适用于所有科创板公司的统一的退市标准，不仅没有与上市标准相对应，也没有充分地考虑公司类型、规模、发展阶段、所处行业等情况的差异，降低了退市制度的公平性、有效性和可操作性。

四、多层次资本市场双向"转板"，为退市公司提供承接平台

　　从国际上的成熟资本市场来看，资本市场一般都是多层次的，企业退市很少体现为直接从交易所私有化的形态，一般会选择转板。以美国纳斯达克市场为例，纳斯达克市场内部分为全球精选市场、全球市场和资本市场三个市场，这三个层次的市场之间可以相互进行转板交易。此外，纳斯达克和纽约证券交易所，也可以与场外交易市场（OTC）之间进行双向转板交易，场外柜台市场等场外交易市场为从纽交所和纳斯达克退市的企业提供了承接平台。

　　多层次证券市场为退市公司提供了一个继续交易的后续市场，减少了退市对投资者投资风险的影响，也为退市公司继续发展提供了空间。比如，2020 年 6 月，瑞幸咖啡（LKNCY）因虚假交易和未能公开披露有效信息，被纳斯达克强制退市，之后，瑞幸咖啡转入场外交易市场（OTC）挂牌。公开数据显示，2020 年 6 月 26 日是瑞幸在纳斯达克交易所的最后一个交易日，收盘价为 1.38 美元/股，但在转至 OTC 市场交易首日大涨 11%，之后股价持续上涨，4 年后，即 2024 年 6 月，它的股价是 18 美元，市值是 50 亿美元，被纳斯达克强制退市并没有导致瑞幸咖啡的商业价值归零，股票也没有丧失流动性。

五、完善的配套制度，保护投资者合法权益

　　上市公司因违法违规、经营不善甚至破产清算等原因被交易所强制退市，通常会导致股价大幅下跌，带给投资者很大损失。境外成熟资本市场的经验显示，维护市场公平正义和保护投资者合法权益，是资本市场监管者的首要目标，所以，成熟资本市场都建立了与退市制度相配套的投资者合法权益保护的制度体系。

　　以美国为例，2002 年出台《萨班斯—奥克斯利法案》，该法案明确了事前事

中的相关责任主体的责任追究机制，还规定了公司高层主管犯罪的刑事责任，投资者可通过司法程序对上市公司及相关责任方进行诉讼，寻求赔偿。纳斯达克交易所还规定，如果交易所认定上市公司存在财务造假、虚假陈述等欺诈行为或有操纵股价的行为，将暂停或终止该公司的股票交易。

第四章 完善退市制度的路径和建议

尽管中国股市的退市制度经历了多轮改革，目前已形成相对完整的制度体系，尤其是 2019 年开始的注册制改革和 2020 年底的退市新规实施以来，退市制度改革虽然取得显著成效，退市数量显著增加，但是，与国外成熟市场相比，我国的退市制度仍然存在不少缺陷，现行制度在实际执行过程中依然存在诸多困难和问题，退市制度的建设仍然是我国资本市场高质量发展中比较薄弱的一环。

第一节 引导"壳价值"回归

一、"壳资源"价值过高

中国证监会原主席肖钢曾撰文指出"我国退市制度运行效果不佳，与股票发行审核制有很大关联。股票发行审核制设置了较高的发行条件，抬高了上市门槛，提升了上市公司的'壳'资源价值。而'壳'资源的稀缺性又进一步加剧了 ＊ST 公司股票的投机和炒作行为，一些投资者甚至醉心于投资劣质的 ＊ST 公司，追逐其被重组后的可得利益，从而对退市制度的有效实施形成了巨大阻力"。[①]

一直以来，中国三板市场、场外股权交易市场的发展相对滞后，直接融资渠道狭窄，沪深交易所上市是中国企业股权融资的主要方式，这就造成 IPO 排队的企业越来越多，排队时间也越来越长，IPO 堰塞湖和"借壳上市"现象司空见惯。

2008 年 3 月，证监会发布《上市公司重大资产重组管理办法》，该文件虽然历经多次修订，但直到今天仍然有效，它允许一些企业通过对已上市企业的重组

---

① 肖钢. 中国资本市场变革［M］. 北京：中信出版集团，2020.

而"借壳上市"。据不完全统计，2008—2023年，沪深两市共有3684家公司通过IPO上市，而通过"借壳上市"的公司至少有225家，"借壳上市"的比例超过6%。

许多不满足IPO要求的企业、不愿排队申请IPO的企业，还有许多"资本玩家"，他们大肆抢购本应一文不值的"壳资源"，这就造成了"壳资源"的稀缺现象。根据马俊和陈昌庆（2020）的研究，2016年中国沪深A股"壳资源"的平均市值近50亿元，2017年"借壳上市"政策收紧及2018年市场大跌，导致"壳资源"平均市值跌到10亿元左右，2019年随着市场回升，"壳资源"的价值又有所上升①。

由此可见，"壳资源""借壳上市"在一定程度上造成了我国上市公司"退市难"的现象。

二、完善多层次资本市场体系，为退市公司提供承接平台和多元化的渐进式退出机制，拓宽直接融资渠道，引导"壳价值"回归，是实现退市常态化的根本途径

目前，虽然中国的多层次资本市场已完成初步架构，但融资渠道主要还是集中在沪深主板市场，且场内市场没有分层，场外市场也不够成熟和发达，沪深交易所与新三板和场外股权市场之间的"转板"机制还存在诸多局限与缺陷。

据王蕴哲（2016）的研究发现，成熟市场中，上市公司退市很少体现为直接从交易所私有化的形态，通常是因"转板"而退市。2002—2006年，英国伦敦交易所主板约20%的公司退市，其原因是它们"转板"去了创业板市场；2000—2013年，中国香港创业板约48%的公司退市，其原因是它们"转板"到了主板市场。

按中国现行交易规则，沪深交易所退市后的上市公司只能进入新三板，但是整个新三板市场交易惨淡，几乎没有流动性，对企业融资和经营帮助不大。据统计，目前新三板挂牌公司超过6000家，但2021—2023年，新三板3年累计成交金额仅为3556亿元，平均每只股票每月的成交额仅为164万元，甚至不及沪深A股单只股票一分钟的成交量。

构建多层次资本市场和多元化的渐进式退出机制，能够为强制退市公司安排一个好的去处，为公司继续经营提供融资渠道，减少退市对投资者造成的伤害，为投资者继续交易提供便利，防止出现真空地带。

---

① 马俊，陈昌庆. A股"垃圾股"退市难的原因及对策分析［J］. 中小企业管理与科技（上旬刊），2020（2）：71－72.

首先，加快多层次资本市场建设，大力发展新三板和场外股权交易场所，使企业拥有更多的直接融资渠道，减少"借壳上市"的需求，使僵尸企业失去卖壳的机会，退市的阻力将会小很多。随着多层次资本市场的功能逐渐完善，沪深市场与三板市场之间的"壳资源"价值逐步靠拢后，退市转板的压力也将不复存在。

其次，在沪深交易所内部，可以借鉴纳斯达克市场的内部板块划分和"转板"机制，在主板与创业板和科创板之间，设立不同板块之间的退转版机制：从主板退市的上市公司，在符合其他板块的条件下转到其他板块上市；在创业板和科创板上市的公司，若发展壮大到足以满足主板的上市标准，可以直接转到主板上市。沪深交易所内部板块的转板机制，对多层次资本市场建设具有重要意义，灵活的内部转板机制能较好地平衡市场的进口和出口，有效地激活市场活力。

第二节　完善主动退市标准

从欧美成熟市场的实践来看，主动退市是上市公司退市的主要方式，在美国、英国等成熟资本市场，主动退市的公司数量大约占全部退市公司数量的一半，甚至更多。以美国股市为例，据陈见丽（2019）的统计研究发现，1998—2002年，纽约证券交易所和纳斯达克市场主动退市公司数量分别为839家和1512家，占全部退市公司的比例分别高达75.8%和45.1%。再以欧洲资本市场为例，据陈见丽（2019）对欧洲18个国家的股票市场的统计研究显示，1997—2005年，欧洲18个国家的股票市场总共有5579家上市公司退市，其中主动退市的有3333家，占比高达59.7%。

截至2023年底，中国沪深A股市场仅有53家上市公司主动退市，占全部234家退市公司总数的比例仅为22.6%，这一比例与国外相比差距较大。在欧美等境外成熟市场上，主动退市占比一般在50%左右，在个别市场个别年份，甚至能达到70%。并且，在主动退市的原因方面，也与国外差别较大。中国股市主动退市的上市公司，大部分都是因为"吸收合并"而退市，在53家主动退市的公司中，有40家是因为"吸收合并"而退市，占比接近80%；因"私有化"而主动退市的公司仅有10家左右；因"主动终止上市"而退市的公司迄今为止只有一家。

目前，中国的主动退市制度，仅规定了适用主动退市的八种情形，没有具体明确主动退市的量化标准，且退市程序也不够清晰明确，可操作性不强。

因此，应当分类完善主动退市的制度体系，按照私有化退市、主动撤回上市地位退市、吸收合并退市、证券置换等不同情形，分别制定可量化的退市标准，明确退市程序，健全相关细则。

在主动退市制度中，还应当进一步规范和量化上市公司回购、收购、兼并的具体条件与标准，明确要约收购的条件及程序、要约价格的协商及确定、股份回购、溢价补偿、投资者异议处置方式及程序等事项，增强主动退市制度的可操作性。

第三节　完善强制退市标准

一、现行的强制退市的数量标准仍显"宽松"

首先，我们来看"财务类强制退市标准"中的"净资产为负"这个指标。

"净资产为负"表示公司已经资不抵债，处于实际上的破产状态，按理说，这样的公司，应该马上退市。按照 2021 年开始实施的新规则，即一年"净资产为负"就要被退市，但跟境外成熟市场比起来，仍然是比较宽松的。比如，美国纽约证券交易所的退市规则是，净资产低于 5000 万美元时，上市公司就要被实施强制退市。况且，"净资产为负"这个指标也很容易规避，比如，上市公司可以通过债务豁免的方式，规避公司净值产变为负值，从而避免退市，在实践中，我们发现大量公司被债权人豁免债务，豁免金额甚至高达几十亿元。

其次，我们来看"交易类强制退市标准"，"交易类强制退市标准"主要涉及成交量、收盘价、股东户数等指标。

先看"连续 120 个交易日股票的累计交易量低于 500 万股"这个指标，连续 120 个交易日累计成交量 500 万股，相当于日均成交量不足 5 万股，以目前中国沪深 A 股的实际情况看，日成交量低于 5 万股的情形，只可能出现在股票涨跌停板的时候，但是，连续 120 个涨跌停板的情况，在沪深 A 股的历史上还没出现过，目前也无法想象，因此，这样的强制退市标准过于宽松。况且，"连续 120 个交易日股票的累计交易量低于 500 万股"这个指标，上市公司安排几个账户在二级市场交易一下自家公司的股票，即可轻易规避。

最后，看"每日股票收盘价在连续 20 个交易日低于 1 元"这个指标，该标准采用的是每日实际收盘价而不是 20 个交易日的平均收盘价，在 20 个连续交易日里，只要有 1 个交易日的收盘价高于 1 元，退市警报随即解除。相比之下，美国纽交所和纳斯达克采用的就是"连续 30 个交易日的平均收盘价低于 1 美元"

触发退市。况且，"每日股票收盘价在连续 20 个交易日低于 1 元"这个指标，上市公司的大股东或实际控制人，只需通过增持公司股票等手段即可轻易规避。

对于"公众持股比例低于 25%（公司股本总额超过 4 亿元的，该比例为 10%）"和"股东户数少于 2000 户"这两个指标，从目前股票市场现实情况看，这两个指标的市场平均水平远高于退市标准。

二、完善差异化退市标准，使退市标准和上市标准相对应，提高退市标准，降低退市门槛

虽然中国资本市场对各交易所及交易所内的各板块，已经设置了差异化的上市和退市标准，但是，目前的差异化程度比较小，不能充分反映各交易所及交易所内部各板块之间上市公司的差别。例如，沪深交易所主板上市公司营业收入和利润等财务指标都比较大，通常远远高于交易所规定的标准，而科创板和创业板中的上市公司，主要侧重高科技企业，营业收入和利润等财务指标都比较小，同时公司经营也较不稳定。因此，主板、创业板和科创板在设置退市标准时，应充分考虑各板块的上市公司在公司规模、公司性质、行业等方面的明显差别，据此设置更加差异化的退市标准。

此外，众所周知，不同发展阶段的高科技企业的营业收入、利润市值、股价等差距很大，甚至截然不同。上海证券交易所科创板针对不同的企业类型设计了 5 套不同的上市标准，但对于退市，却采用了适用于所有科创板公司的统一的退市标准，不仅没有与上市标准相对应，还没有充分地考虑公司类型、规模、发展阶段、所处行业等情况的差异，这样的制度设计是非常不科学的。反观美国和英国的资本市场，上市标准和退市标准基本上是一一对应的，退市标准的制定以上市标准为基础，充分考虑了公司与公司之间的差异，提高了退市制度的公平性、有效性和可操作性。

所以，未来的退市制度改革，应按照上市标准和退市标准相互呼应的原则，比照 IPO 发行标准，对现行的退市标准进行调整，如果上市公司的某个指标值已低于其当年上市时的标准或低于现时的上市标准，则对其实施强制退市。

三、采用定性与定量相结合的多元化退市指标，拓宽退市类型

中国现行的退市标准，着重采用了净利润、净资产、营业收入等财务指标，但是，众所周知，财务指标至少在一定程度上容易被操控，上市公司可以通过盈余管理来调控净利润，可以通过关联收入来操控营业收入，可以通过政府补贴来操控净资产。另外，净利润、净资产、营业收入等财务指标，只能反映当下公司

的经营情况，不能反映公司的其他情况。

　　所以，退市标准的制定，除了应关注财务指标等定量指标外，还应加大对企业信用、公司治理结构等定性指标的关注力度，把上市公司的关注点从财务指标转移到持续经营能力、成长性和公司治理状况上来。

第五章　退市中的违法违规问题及投资者保护

自 2020 年 12 月 31 日"退市新规"实施以来，上市公司退市速度明显加快，退市数量逐年增多。2019 年全年只有 8 家 A 股上市公司被强制退市，2020 年为 16 家，2021 年增加为 17 家，2022 年增加到 41 家，2023 年为 43 家，创下了历史新高。照此速度，未来每年超过 50 家退市，将成为常态。与此同时，退市中的投资者保护，就成为中国资本市场健康发展的一个亟待解决的问题。

中国拥有全球规模最大、交易最活跃的投资者群体，目前已超过 2 亿人，其中 97% 为持股市值 50 万元以下的中小投资者。能否保护好广大中小投资者合法权益，是衡量注册制改革成功与否的一个关键标准。

中国股市目前还没有建立完善的、与退市制度相匹配的各项投资者保护机制。退市制度之前较为关注优化退市标准、简化退市流程，对退市中的投资者保护尚未作出系统性安排，制度供给明显不足，已有的具体措施也有诸多不足，急需修订和完善。

第一节　退市公司中普遍存在违法违规问题

本节选取自 2020 年 12 月 31 日退市新规实施以来，到 2023 年 12 月 31 日，整整三年的时间里，被强制退市的 101 家沪深 A 股上市公司为样本，占沪深 A 股历史上全部被强制退市的 181 家公司的 55.8%，样本具有较强的代表性。

在沪深 A 股的退市公司中，只有极少部分公司是"规规矩矩"退市的，绝大部分公司或多或少存在违法违规现象。在这 101 家被强制退市的公司中，至少有 72 家存在各种各样的违法违规问题，另外，已经因涉嫌信息披露违法违规而被立案，但监管机构还未公布结果的还有 21 家，也就是说加起来有 93 家，占比超过 90%。换一种说法，就意味着没有违法违规问题的退市公司，只有不足 10 家，可谓寥寥无几。

在已经被中国证监会确认存在违法违规事实的这 72 家公司中，财务造假有 15 家，业绩预告不准确 7 家，信息披露不完整、不充分有 10 家，在经营层面（违规担保、关联交易、非经营性资金占用等）违规的有 26 家，并且，很多公司往往是同时存在多种违法违规行为（见表 5-1）。

表 5-1 退市公司违法违规情况

违法违规情况	涉及公司数量
重大诉讼未及时披露	2
业绩预告不准确	7
信息披露不准确、不完整	10
违规担保	9
关联交易	6
立案，涉嫌信息披露违法违规	21
非经营性资金占用	11
财务造假	15

资料来源：各公司公告。

第二节 财务造假

在这 101 家被强制退市的公司中，有 15 家在退市前后因虚构业务、虚增收入、虚增利润等财务造假行为，而被中国证监会行政处罚，占比约达到 15%。

但是，因财务造假而退市的公司仅有 4 家，也就是说，另有 11 家因为其他原因而退市的公司，也存在财务造假问题。这一方面说明，财务造假被发现具有滞后性，相当一部分公司是在退市后，才被监管部门立案审查，最终发现财务造假；另一方面也说明，现行的财务造假的退市标准过于宽松，有财务造假行为，不一定会触发重大违法强制退市。

财务造假事件反映出公司董事会履职有效性不足，监事会监督不到位，严重打击了投资者信心。下面，我们通过几个具体的案例，来分析一下这个问题。

一、华虹计通案例

（一）违法违规事实

根据 2022 年 12 月 29 日上海证监局出具的《行政处罚决定书》，华虹计通存在以下违法事实：2017 年华虹计通通过虚假贸易和少计提应收账款坏账准备，导致其 2017 年年度报告披露的财务信息存在虚假记载，具体分为以下两部分。

一是 2017 年华虹计通通过虚假贸易和少计提应收账款坏账准备，导致其 2017 年年度报告披露的财务信息存在虚假记载。华虹计通组织策划与上海仪电物联技术股份有限公司（以下简称仪电物联）等开展了三笔四方贸易，采购销售形成闭环，贸易相关资金几天内在四方参与主体之间完成等额或相近金额的循环，且没有对应的实际物流，前述贸易为虚假贸易。该贸易中，华虹计通通过向仪电物联虚假销售货物，虚增营业收入 1611 万元，虚增营业成本 1538 万元，进而虚增营业利润 73 万元，约占 2017 年年度报告披露营业利润的 13%。

二是由于往年存在工程合作关系，华虹计通 2017 年初对仪电物联存在 1849 万元账龄一年以上的应收账款。为缩短应收账款账龄，少计提坏账准备，华虹计通将 2017 年因前述虚假贸易对仪电物联形成的含税营业收入 1885 万元全部确认为应收账款，并将当年虚假贸易项下收到的仪电物联回款 1852 万元首先用于冲销以前年度对仪电物联的长账龄应收账款，实现当年少提坏账准备 823 万元，进而虚增营业利润 823 万元。

综上所述，华虹计通通过前述虚假贸易和会计处理，共导致华虹计通 2017 年度虚增收入 3500 万元，虚增营业利润 896 万元，占 2017 年年度报告披露营业利润的 158%。

（二）退市归因

根据 2022 年 12 月 29 日上海证监局出具的《行政处罚决定书》，公司 2017 年追溯调整后的净利润为负，根据公司披露的 2015 年、2016 年、2018 年年度报告，2015 年、2016 年及 2018 年净利润均为负，导致公司 2015 年至 2018 年连续四年净利润为负。

根据《深圳证券交易所创业板股票上市规则（2020 年 12 月修订）》的规定，公司触及《深圳证券交易所上市公司重大违法强制退市实施办法》第四条第（三）项规定的重大违法强制退市情形。《深圳证券交易所上市公司重大违法强制退市实施办法》第四条第（三）项规定：上市公司披露的年度报告存在虚假记载、误导性陈述或重大遗漏，根据中国证监会行政处罚决定认定的事实，上市公司连续会计年度财务指标实际已触及《股票上市规则》规定的终止上市标准。

（三）启示

第一，华虹计通退市的主因，是追溯调整后 2015—2018 年连续四年净利润为负，而并非是因为财务造假。

第二，规避退市是财务造假的重要诱因。从华虹计通这个案例可以看出，公司为什么单单选择在 2017 年度的财务报告中造假呢？原因就是公司 2015 年和 2016 年已经连续两年亏损，按照当时的退市规则，如果 2017 年公司的净利润继续为负，公司股票就会被实施退市风险警示，并且，如果 2018 年净利润继续为负，则公司就会被强制退市。

第三，现行单纯财务造假的退市标准太松了。因为按照现行规则，单纯的财务造假的退市标准是，营业收入、净利润、利润总额、资产负债表任一指标连续两年均存在虚假记载，虚假记载的金额合计达到 5 亿元以上，且超过该两年披露的同一指标合计金额的 50%。假如华虹计通不是连续四年亏损，而是连续两年亏损，在同样的造假规模下，它不会被退市。

第四，从重处罚，中国股市对违法违规的惩罚太轻。

中国证监会上海证监局作出如下处罚决定：对上海华虹计通智能系统股份有限公司责令改正，给予警告，并处以五十万元罚款。

深圳证券交易所作出如下处分决定：（1）对上海华虹计通智能系统股份有限公司给予公开谴责的处分；（2）对上海华虹计通智能系统股份有限公司时任董事长项翔、时任总经理徐明、时任财务总监马丽给予公开谴责的处分；（3）对上海华虹计通智能系统股份有限公司时任总经理徐明、时任财务总监马丽给予公开认定三年不适合担任上市公司董事、监事、高级管理人员的处分。

二、科林环保案例

（一）违法违规事实

根据 2023 年 2 月 9 日江苏证监局出具的《行政处罚决定书》，科林环保存在以下违法事实。

2021 年，科林环保子公司易有乐网络科技（北京）有限公司对侠客行（上海）广告有限公司等 8 家公司开展信息技术服务业务即新媒体广告投放业务收入，采用总额法合计确认收入 7072.54 万元，确认成本 6719.35 万元。上述交易实质为代充值业务，科林环保既不承担向客户转让商品的主要责任，不独立承担交易产生的主要风险，也不承担存货风险，对广告投放服务没有自主定价权，在该业务中的身份是代理人。

根据《企业会计准则第 14 号——收入》（财会〔2017〕22 号）第三十四条，科林环保应该按照净额法确认收入 353.20 万元。科林环保对前述业务采用总额法确认收入，导致 2021 年虚增营业收入 6719.35 万元，虚增营业成本 6719.35 万元，分别占科林环保 2021 年年度报告披露的营业收入、营业成本的 39.52%、52.24%。

江苏证监局认为，科林环保错误采用总额法确认新媒体广告投放业务收入，虚增营业收入、营业成本，导致 2021 年年度报告存在虚假记载。

（二）退市归因

科林环保装备股份有限公司因 2018 年财务报表被会计师事务所出具无法表示意见，股票交易自 2019 年 4 月 26 日起被实施退市风险警示；因 2019 年财务报表经审计的净利润为负值，股票交易自 2020 年 4 月 29 日起被继续实施退市风险警示；因 2020 年财务报表经审计的净利润为负值且营业收入低于 1 亿元，股票交易自 2021 年 4 月 29 日起被继续实施退市风险警示。2022 年 4 月 30 日，公司在披露 2021 年年度报告的同时披露了关于申请撤销退市风险警示的公告。2023 年 2 月 2 日，深交所作出《关于不予撤销科林环保装备股份有限公司股票退市风险警示的决定》，公司触及深交所《股票上市规则（2022 年修订）》第 9.3.11 条第一款第六项①规定的股票终止上市情形。

（三）启示

第一，科林环保造假金额较大，但却不是因为财务造假而退市的。科林环保退市的原因是公司股票交易被实施退市风险警示后，首个会计年度"经审计的净利润为负值且营业收入低于 1 亿元"，从而触发退市标准。

第二，规避退市是财务造假的重要诱因。从科林环保这个案例可以看出，公司为什么单单选择在 2021 年度的财务报告中造假呢？原因就是公司 2019 年和 2020 年已经连续两年被实施退市风险警示，按照当时的退市规则，如果 2021 年公司的净利润继续为负，公司股票就会被强制退市。

第三，现行单纯财务造假的退市标准太松了。科林环保只有 2021 年年度报告造假，且金额较大，2021 年虚增营业收入 6719.35 万元，虚增营业成本 6719.35 万元，分别占科林环保 2021 年年度报告披露的营业收入、营业成本的 39.52%、52.24%。现行规则是，单纯的财务造假的退市标准是连续两年均存在虚假记载，虚假记载的金额合计达到 5 亿元以上，且超过该两年披露的同一指标合计金额的 50%。

第四，惩罚太轻。依据 2019 年《证券法》第一百九十七条第二款的规定，江苏证监局决定：（1）对科林环保责令改正，给予警告，并处以三百万元罚款；（2）对杜简丞（公司董事长）给予警告，并处以一百五十万元罚款；（3）对李根旺（公司财务总监、董事会秘书）给予警告，并处以一百五十万元罚款；（4）对张曼奚（公司总经理）给予警告，并处以五十万元罚款。

① 撤销退市风险警示申请未被交易所审核同意。

第三节　虚假记载、非经营性资金占用、关联交易、违规担保

在这 101 家被强制退市的公司中，有 26 家在退市前后因控股股东、实控人等通过非经营性占用上市公司资金（11 家）、关联交易（6 家）、违规担保（9 家）等手段损害公司及投资者利益，而被中国证监会行政处罚，占比达到 26%。

上市公司出现控股股东、实控人等非经营性占用上市公司资金、关联交易、违规担保等问题，反映出公司内部治理有效性不足，外部监管也不到位，严重侵害了投资者的利益，打击了投资者信心。下面，我们通过几个具体的案例，来分析一下这个问题。

一、秋林集团案例（虚假记载、关联交易、违规担保）

（一）违法违规事实

根据 2023 年 3 月 29 日黑龙江证监局出具的《行政处罚决定书》，秋林集团存在以下违法事实。

一是秋林集团定期报告中披露的实际控制人信息存在虚假记载。秋林集团在 2017 年、2018 年年度报告中披露平贵杰为秋林集团实际控制人，但实际控制秋林集团的人为李建新。平贵杰与李建新之间存在事实上的股权代持关系，李建新直接负责管理秋林集团的主要业务，对秋林集团生产经营能够起到支配作用。李建新对秋林集团重大合同签订等重大事项起到决定性作用。秋林集团的董事长、董事、副总裁等人员对秋林集团的相关重大业务及重大决策都要向李建新汇报。根据《公司法》（2013 年修正）第二百一十六条第（三）项的规定，李建新属于通过投资关系、协议或者其他安排，能够实际支配秋林集团行为的人，为秋林集团的实际控制人。秋林集团在 2017 年、2018 年年度报告中披露的平贵杰为实际控制人存在虚假记载。

二是未按规定及时披露对外担保情况。2018 年 12 月 17 日，秋林集团与华夏银行签订了三份《质押合同》，为天津市隆泰冷暖设备制造有限公司（以下简称隆泰冷暖）开展保理业务提供了质押担保。秋林集团以其名下的定期存单（存单金额为 1 亿元，存单期限 12 个月，利率 2.1%）项下存款对隆泰冷暖在保理合同中所形成的债务承担质押担保，担保范围为主债权本金 3.063 亿元及利息、逾期利息、罚息、复利、违约金等费用。该三笔担保未及时披露，直至秋林集团收到天津市高级人民法院发送的《民事裁定书》，才于 2019 年 3 月 18 日发布公告。秋

林集团未履行相应的审议程序，未及时披露该担保情况。

三是未按规定及时披露及未在定期报告中披露关联交易情况。2017年、2018年秋林集团与河北金尊珠宝首饰有限公司等八家秋林集团的关联方公司之间的资金往来总额分别为31242.43万元、74974.26万元，分别占最近一期经审计净资产的比例为10.76%、24.75%。上述关联方资金往来构成关联交易，秋林集团未召开董事会、股东大会审议并披露关联交易情况，未按规定及时披露，也未在2017年、2018年年度报告中披露上述关联交易情况。

（二）退市归因

因2018年、2019年连续两年期末净资产为负值，2018年、2019年财务报告被会计师事务所出具无法表示意见的审计报告，公司股票自2020年3月18日起暂停上市。2021年2月23日，公司披露了经审计的2020年年度报告，2020年度归属于上市公司股东的净利润为－5.82亿元，2020年末归属于上市公司股东的净资产为－22.14亿元，会计师事务所对公司2020年度财务会计报告出具了无法表示意见的审计报告。

上述情形属于《上海证券交易所股票上市规则（2019年4月修订）》第14.3.1条规定的股票终止上市情形，即"因净利润、净资产、营业收入或者审计意见类型触及第14.1.1条、第（一）项至第（四）项规定的标准，其股票被暂停上市后，公司披露的最近一个会计年度经审计的财务会计报告存在扣除非经常性损益前后的净利润孰低者为负值、期末净资产为负值、营业收入低于1000万元或者被会计师事务所出具保留意见、无法表示意见、否定意见的审计报告等四种情形之一"。

（三）启示

第一，秋林集团是因连续"非标"审计意见和财务指标而退市，同时又存在虚假记载等其他违法违规行为。公司财报中的虚假记载，并非财务造假，而是虚假记载了公司的实际控制人。那么，这个情况算不算重大信息披露违法呢，是否适用《上市公司重大违法强制退市实施办法》呢？现行的规则只是对适用重大违法强制退市的财务造假情形，给出了明确的量化标准，而对于其他情形，还只是原则性的规定。所以说，现行的重大违法退市规则可操作性不强，还需进一步出台详细的量化指标和判断依据。

第二，处罚太轻。根据当事人违法行为的事实、性质、情节与社会危害程度，依据2005年《证券法》第一百九十三条第一款、第三款的规定，黑龙江证监局决定：（1）对秋林集团责令改正，给予警告，并处以三十万元罚款；（2）对李建新给予警告，并处以九十万元罚款，其中作为秋林集团实际控制人处以六十万元罚款，作为秋林集团时任副董事长处以三十万元罚款；（3）对平贵杰给予警告，并处以十五万元罚款。

二、宏图高科控股股东非经营性占用上市公司资金案例

（一）违法违规事实

2022年4月20日，江苏宏图高科技股份有限公司（以下简称公司）披露了2021年年度报告和非经营性资金占用及其他关联资金往来情况的专项说明。

该公告显示，公司控股股东三胞集团有限公司（以下简称三胞集团）控制的公司北京乐语世纪科技集团有限公司、南京东方福来德百货有限公司、浙江乐语通讯设备有限公司3家公司于2021年期初合计占用公司资金约396万元，占公司2020年经审计净资产的0.97%。同时，2021年新增占用资金252万元，占公司2021年经审计净资产的3.73%。至2021年期末余额为631万元，占公司2021年经审计净资产的9.34%。

公司与控股股东控制的公司违规发生资金往来，构成控股股东非经营性资金占用。公司控股股东三胞集团以及实际控制人袁亚非未能确保上市公司的独立性，致使其控制的公司长期占用上市公司资金，损害上市公司利益。

（二）处罚

根据《股票上市规则》第16.1条和《上海证券交易所纪律处分和监管措施实施办法》等有关规定，上海证券交易所作出如下监管措施决定：对江苏宏图高科技股份有限公司、江苏宏图高科技股份有限公司控股股东三胞集团有限公司、实际控制人袁亚非及时任董事长兼总裁廖帆、财务总监李国龙、财务总监钱南、董事会秘书许娜、董事会秘书黄锦哲予以监管警示。

（三）启示

宏图高科2020年资产负债率已经达到92%，有息负债率达到85%，偿债压力极大。而控股股东置公司困境于不顾，非经营性占用上市公司资金，加重了公司的财务费用负担，干扰了公司的正常经营，损害了公司和广大投资者的利益。

第四节　其他违法违规问题

在这101家被强制退市的公司中，有7家因在退市前发布的业绩预告不准确，10家因信息披露不准确不完整，2家未及时披露重大诉讼，涉嫌误导投资者，而被证监会或交易所纪律处分。

业绩预告等信息披露事项，是投资者关心的大事，对于投资者评估上市公司的价值、公司是否会被退市等问题，都具有重要的参考意义。业绩预告不准确、信息披露不完整，反映出公司试图掩盖一些重要的信息，涉嫌严重误导投资者，打击了市场和投资者信心。下面，我们通过几个具体的案例，来分析一下这个问题。

一、荣华实业业绩预告不准确

2022 年 1 月 29 日荣华实业公司披露 2021 年年度业绩预亏公告称，预计公司 2021 年度归属于上市公司股东的净利润（以下简称净利润）约为 –17000 万元，预计归属于上市公司股东的扣除非经常性损益后的净利润为 –14300 万元左右。

2022 年 4 月 19 日，公司披露业绩预亏更正公告称，预计 2021 年度净利润为 –28800 万元，预计扣非后净利润为 –23000 万元，2021 年期末归属于上市公司股东的净资产为 –8000 万元左右。

2022 年 4 月 30 日，公司披露 2021 年年度报告，2021 年度实现净利润 –28853 万元，扣非净利润 –23087 万元，2021 年期末净资产 –8042 万元。2022 年 5 月 6 日，因公司 2021 年度经审计的期末净资产为负值，公司股票被实施退市风险警示。

公司在首次业绩预告中未披露净资产情况，公司业绩预告信息披露不准确，可能对投资者判断产生误导，严重影响投资者的合理预期，且公司也未在业绩预告中充分提示相关风险。同时，公司迟至 2022 年 4 月 19 日才披露业绩预告更正公告，更正公告披露不及时。

二、荣华实业信息披露不准确、不完整

首先，公司年度审计报告意见类型披露不准确。

2022 年 4 月 30 日，公司披露的 2021 年度审计报告意见类型为带有持续经营重大不确定性段落的无保留意见。但公司同日披露的 2021 年年度报告中显示，公司审计报告意见类型为标准无保留意见。两者存在重大差异。

经监管督促，2021 年 5 月 5 日，公司披露更正后的 2021 年年度报告，将年审会计师为公司出具的审计报告意见类型更正为带有持续经营重大不确定性段落的无保留意见，增加公司董事会对会计师事务所"非标准意见审计报告"的说明，并将投资活动产生的现金流量净额变动原因说明中"较上年同期减少 13671 万元"更正为"较上年同期增加 13671 万元"。

其次，公司股票被实施风险警示的适用情形披露不完整。

2022 年 4 月 30 日，公司披露公告称，由于公司 2021 年度经审计的期末净资产为负值，已触及"最近一个会计年度经审计的期末净资产为负值，或追溯重述后最近一个会计年度期末净资产为负值"的情形，公司股票将于 2022 年 5 月 6 日起实施退市风险警示。

经监管督促，2022 年 5 月 5 日，公司披露补充公告称，公司还触及"违反规定决策程序对外提供担保，余额达到最近一期经审计净资产绝对值 5% 以上，且金额超过 1000 万元"和"最近连续 3 个会计年度扣除非经常性损益前后净利润孰低者均为负值，且最近一个会计年度财务会计报告的审计报告显示公司持续经营能力存在不确定性"的其他风险警示情形。

三、处罚

对甘肃荣华实业（集团）股份有限公司及时任董事长兼总经理刘永、时任财务总监李清华、时任董事会秘书刘全、时任独立董事兼审计委员会召集人马洪维予以公开谴责。

四、启示

（一）投资者应关注公司基本面，阅读上市公司公告时应持警惕态度，避免被公司误导

公司年度业绩是投资者关注的重大事项，可能对公司股票价格及投资者决策产生重大影响，公司理应根据会计准则对当期业绩进行客观、谨慎的估计，确保预告业绩的准确性。

但公司业绩预告不准确且未及时更正，未在业绩预告中及时披露并提示其净资产为负，将导致公司股票被实施退市风险警示。

同时，公司还存在年度报告中审计报告意见类型披露不准确、公司股票被实施风险警示的适用情形披露不完整的违规行为。

投资者在看公司的业绩预告时，应睁大眼睛，除了公司公告的指标外，还应关注业绩预告中没有公告的指标，避免"踩雷"。

（二）健全法律法规

该案例中，上市公司的业绩预告和信息披露，遗漏了公司可能会被实施退市风险警示的重要信息，那么，上市公司是不是刻意隐瞒这些关键信息呢？在此期间持有该股票的投资者，是否有权利对上市公司及相关责任人进行追索赔偿呢？这些问题，现行的法律法规还没有给出明确的答案。

（三）加大处罚力度

业绩预告等信息披露不准确，遗漏重要信息，这是很严重的问题。而监管部门仅仅是给予了相关责任人公开谴责的处罚，连罚款都没有。

第五节　以投资者保护为核心，实现退市风险 "软着陆"

美国、英国等境外成熟资本市场的经验显示，维护市场公平正义和保护投资者合法权益，是资本市场监管者的首要目标，所以，退市制度建设，必须围绕投资者合法权益保护这条主线，构建和完善相关的配套体系，避免出现完全由投资者为退市埋单的不合理现象。

一、退市中投资者保护的基本问题

（一）投资者是否需要保护和赔偿

中国 1999 年施行的《证券法》第十九条规定"股票依法发行后，发行人经营与收益的变化，由发行人自行负责；由此变化引致的投资风险，由投资者自行负责"。此后，《证券法》的历次修改，也都保留了这个原则。

根据上述《证券法》的规定，如果一家上市公司被强制退市，其主要原因是经营不善，而并无违法违规问题，没有侵害投资者的利益。那么，在这种情况下，投资者应该自负盈亏。因为，投资者具有投机的权利，买绩优股不高尚、买垃圾股不丢人，哪怕公司持续亏损、净资产为负、股价跌破面值，只要公司没有违法违规，投资者买入这样的公司，是他的权利，哪怕公司退市了，投资者仍然是公司的股东，仍然享有股东的权利。这种情况下，投资者保护应着重于退市前后的信息披露、退市后投资者的交易权、投票权等方面。

相反，如果上市公司违背了信息披露的要求，进行了欺诈发行、虚假记载、违规担保、未披露重要信息等违法违规行为，后来，上市公司的这些行为被监管部门发现并处罚，导致股价大跌，最终退市。那么，投资者的损失是因上市公司的过错行为造成的，投资者为此承担了不必要且超出其应当承受范围的损失，那么，投资者理应得到赔偿。

此外，从前文的分析中也可以看出，超过 70% 的退市公司存在违法违规问题。上市公司及其高管、控股股东、实控人等通过违规占用上市公司资金、违规担保等方式"掏空"上市公司的违法违规行为，损害了中小投资者的利益，给投资者造成了损失，不管公司是否被退市，上市公司及其相关责任人都应当承担过错责任，投资者都应该得到赔偿。

（二）怎样赔偿

首先是确定赔偿的对象。如果存在欺诈发行，那么，在发行中购买证券的投资者是赔偿对象。如果投资者在上市公司及其大股东、高管等做出财务造假等违法违规行为之后买入证券，那么，就可以推定财务造假等违法违规行为对投资者造成了伤害，上市公司及其相关责任方就应该对投资者的损失进行赔偿。只有当投资者的损失确实是由其他原因造成的且上市公司及其相关责任方可以举证证明的，才能免除上市公司及其相关责任方的赔偿责任。

其次是划定损害赔偿的范围。参考境外成熟市场的经验，确定一个差额损失的计算公式，并依此公式结合实际的损失情况进行调节。其核心思想是确定一个可以普遍参照的一般标准，在公平合理的基础上，保障买卖双方的合法权益。[①]

最后是明确举证责任的分配。上市公司违法违规一般比较专业且隐蔽，而投资者通常处于信息劣势地位，获取证据的难度很大。境外成熟市场的一般经验是，上市公司的举证责任相对投资者而言较重。这样分配举证责任，增大了上市公司举证的难度，能够使其更愿意与投资者达成赔偿和解。

二、退市中如何保护投资者的合法权益

（一）投资者保护应从事后维权转向事前预防，大幅提高上市公司及高管的违法违规成本

第一，要将被市场竞争机制所淘汰的强制退市与实施欺诈发行、财务造假等严重违法所导致的强制退市区别开来，退市制度的设计应对那些意图欺诈、实施违法行为起到惩戒和警示作用。对于诸如"大股东掏空上市公司""大股东侵害小股东利益"等违法行为，应做出相应的规定及严厉的惩戒措施。

第二，要进一步明确欺诈发行、重大违法退市的相关细则，明确有关当事人的责任，加大对因违法违规导致公司退市的上市公司控股股东、董监高的责任追究力度，落实并强化立案稽查公司的股份转让限制，要求对负有责任的控股股东、实际控制人及其董事、高管等责任人员承诺股份购回。

第三，压实"首恶"主体责任、加大证券违法违规的处罚力度。新《证券法》已将财务造假处罚上限从60万元大幅提高到1000万元，并给集体诉讼留下操作空间，但仍然不足以震慑动辄上亿元的证券欺诈案件，建议推动《刑法》联动修订，将"违规披露、不披露重要信息罪"的主体认定从单位扩大到个人，刑

① 兰懿琛. 对我国证券市场退市难问题的若干思考［J］. 法制博览，2022（29）：134－138.

期上限从 3 年提升到 25 年。

第四，持续加强 IPO 后的监管，着重加强对 ST 公司的监管，严厉打击内幕交易。中国上市公司普遍存在大股东一股独大的情况，独立董事等内部治理机制难以发挥作用，公司内部制衡力量不够。当外部监管力度不够时，上市公司爆雷甚至退市的风险将显著增加。所以，监管部门要强化对上市公司 IPO 后的持续监管，从源头上减少上市公司因违法违规行为被强制退市的情形。着重加强对 ST公司的监管，严格审核借壳、重组事项，严厉打击 ST 股票的股价操纵和内幕交易。

（二）修订严重损害证券市场秩序的重大违法行为的认定标准，提高司法威慑力

现行退市规则对于上市公司欺诈发行、重大信息披露违法或者其他严重损害证券市场秩序的重大违法行为的认定标准仍然过低。

例如，财务造假的标准为"公司披露的营业收入、利润总额或者净利润任一年度虚假记载金额达到 2 亿元以上，且超过该年度披露的相应科目金额绝对值的30%；或者公司披露的资产负债表中资产和负债科目任一年度虚假记载金额合计达到 2 亿元以上，且超过该年度披露的年度期末净资产金额绝对值的30%"；或者，"公司披露的营业收入、利润总额或者净利润连续 2 年虚假记载金额合计达到 3 亿元以上，且超过该 2 年披露的相应科目合计金额的 20%；或者公司披露的资产负债表中资产和负债科目连续 2 年虚假记载金额合计达到 3 亿元以上，且超过该 2 年披露的年度期末净资产合计金额的 20%"；或者，"公司披露的年度报告财务指标连续 3 年存在虚假记载"。

上述标准是 2024 年 4 月刚刚修订的，但仍然较为宽松，按照这个标准，一年造假不高于 2 亿元、比例不高于 30%，就没事了。所以，我们建议将重大违法退市的标准修订为：任何一年虚假记载的金额合计达到 1 亿元，且超过该年披露的同一指标金额的 20%。

（三）建立集体诉讼制度，落实违法主体的民事责任

上市公司退市的原因复杂多样，当上市公司因信息披露违法违规或者违规经营等非常规原因而导致退市时，中小投资者通常由于缺乏专业的知识或者由于诉讼程序复杂漫长、诉讼成本过高等原因放弃维权，中小投资者利益得不到有效保障。

建立集体诉讼制度，组织专门的投资者保护机构代中小投资者进行维权，让专业的人做专业的事情，让违法违规者付出应有的代价，维护中小投资者的合法权益，这既可以提高上市公司信息披露的质量，又能防止中小投资者因怕损失而

站到"退市"的对立面，使退市没有后顾之忧，能有效缓解我国退市难的现象。①

（四）推广示范判例，建立金融司法集成平台，降低投资者的诉讼风险和成本

证券纠纷往往涉及大量且分散的投资者，诉讼主体人数非常多，而我国的代表人诉讼制度又过于笼统，没有相应的明确细则，投资者难以通过代表人诉讼制度保护自身的合法权益。

目前，上海金融法院已开启"金融市场案例测试机制"，允许市场主体就金融业务中前沿、重大法律问题可能引发的纠纷，向上海金融法院申请案例测试，通过审理向金融市场提供明确的规则指引。示范判决生效后，其对相似的证券纠纷案件具有扩张效力，能够减少诉讼时长，降低诉讼成本，提升投资者诉讼能力，进而非常之有效地解决当前面临的维权难题。这一举措在金融市场反响热烈，许多监管部门、交易平台和金融机构都表示，如果在交易尚未发生时就能对潜在的法律争议提交审理，明确规则，将极大稳定中外投资者对司法裁判的预期。

建立金融司法集成平台，利用金融科技打造金融案件的办案一体化系统，实现司法、执法的一站式网上服务。

（五）充实投保基金公司，扩大证券投资者保护基金的功能

虽然我国初步构建了证券投资者保护基金，但基金主要用途局限于证券公司发生被撤销、破产等情况下投资者遭遇风险时给予的救助，对于投资者因上市公司被强制退市而造成的经济损失，投资者并不能获得赔偿。因此，必须扩展证券投资者保护基金的使用范围，使其能够救助因证券市场虚假陈述、欺诈发行等而受到损害的投资者。

中国应参考国外的做法，将收缴的证券违法所得和证券违法行政罚款，注入和充实投保基金公司，将投保基金先行赔付制度常态化、制度化。

中国应参考美国的公平基金模式。为了更好地保护投资者利益，纾解先行赔付中的执行障碍，美国建立了公平基金模式，以此来赔偿强制退市等证券不利行为中投资者所遭受的损失，其设立初衷是平衡违法者的违法所得与投资者的不当损失，以此实现证券市场的公平正义。美国公平基金由收缴的违法所得、SEC施加的证券违法行政罚款、会员所缴纳的会员费等组成，由 SEC 任命的基金管理人负责管理和分配。在强制退市过程中，首先由基金管理人向法院提出分配基金的申请，法院批准后发布公告，投资者按照规定向管理人或者法院申报索赔，基金

---

① 宋俊晓. 我国上市公司"退市难"原因及对策［J］. 合作经济与科技，2019（8）：44－46.

管理人按照分配规则进行赔付。作为一种非诉讼手段，公平基金的实施与民事诉讼并行不悖，投资者获得公平基金的赔偿后，仍可通过证券集团诉讼向发行人索赔，获得公平基金的赔付不构成发行人的抗辩事由。

（六）发挥中小投资者服务中心职能

中证中小投资者服务中心有限责任公司，因持股行权工作持有全国 A 股上市公司股票，其可以充分履行投资者保护机构的功能职责，通过代表人诉讼、支持诉讼、股东诉讼等方式起到了震慑"关键少数"和追"首恶"的积极效果。

（七）畅通股份回购资金来源

目前，股份回购制度的主要问题是资金来源途径不畅，《公司法》规定，回购股份的资金不得超过公司盈余。对于退市公司来说，公司通常面临巨额罚款，公司盈余不足以支撑股份回购。因重大违法违规行为被强制退市的公司，可以考虑由大股东进行一定比例的股份回购，以股份回购方式来补偿中小投资者损失，以使绝大多数投资者利益得到保障。

（八）完善退市和股转系统挂牌的衔接机制

以中弘股份为例，该公司退市后，在长达两年半之后才在股转公司挂牌，导致在这两年半的时间内，股东无法交易所持股份，交易权无法行使。同时，股东大会的网络投票需在股转系统中进行，退市后没有及时在股转公司挂牌，使股东投票权无法便捷行使。另外，公司股东里有一家公募基金，那么，退市后，股东减持是否适用《上市公司股东、董监高减持股份的若干规定》尚不明确。所以，退市公司应在规定时限内，到股转系统挂牌，在退市处理期，解决好有争议的问题，以保障投资者的交易权和投票权。

第六章　投资者如何避免"踩雷"

近几年已经退市的公司里面，有不少是知名公司，有的还曾经是 5～10 倍的大牛股，然而，这些公司却因为各种原因最终被退市，投资者损失惨重。

本章我们通过几个具体的案例，来分析一家公司是如何被掏空，如何造假，在并购、扩张、多元化等经营行为中如何一步步变质退化，最终导致退市的。通过本章的分析，我们希望能够给投资者提供一个观察和分析上市公司的视角，在投资选股时，举一反三，避开可能会被退市的公司，避免"踩雷"。

第一节　公司业绩为何会突然 "爆雷"

由前文所述，退市原因可概括为经营不善和违法违规两类，而违法违规通常是经营不善的结果。表面上看，一元退市、审计意见退市、财务指标退市，这些只是一家公司被强制退市的直接推手，是表面原因。其实，在股价跌破一元之前，在审计意见和财务报告揭晓之前，这些公司早已失去持续经营能力、积重难返。归根结底，企业自身经营不善、风险事件频发才是导致退市的根本原因。

通过对近 3 年退市的 100 多家公司的研究，我们发现，并购"后遗症"和内部治理缺陷是导致公司"爆雷"并最终退市的最为突出的原因，几乎绝大部分退市公司，都存在这两方面的问题。下面，我们逐一分析。

一、并购"后遗症"，为上市公司"埋雷"

（一）并购"后遗症"

并购从来都是高风险、高收益的游戏。通常而言，并购是上市公司增强产业协同、拓展业务领域，从而实现做大做强的重要工具，但激进的收购也常常暗藏风险。不少公司因整合不力、收购资产业绩不达标等并购"后遗症"发作而拖累业绩，甚至有部分公司更是触及违规红线，受到监管部门处罚。

首先，并购过程中往往会产生较大的商誉，所以，热衷于收购的公司往往都会面临较大的商誉减值考验，尤其是那些连年并购已使资产负债表上堆积了巨量的商誉的公司。经营好时"岁月静好"，经营一旦变脸，业绩承诺一旦难以兑现，随之而来的"商誉减值"将极大地吞噬公司业绩，轻则致使上市公司利润大减、业绩滑坡，重则产生巨额亏损、难以翻身，最终退市。

其次，隔行如隔山，跨界并购具有更多的不可控性。除了要克服所有并购均面临的水土不服外，还要提防业务跨度过大造成的消化不良，这种非产业链整合的并购，其潜在风险要远远高于产业链整合，一旦整合失利，可能对公司造成重创。比如，2015 年，天广中茂通过对外收购的方式跨界进入园林、食用菌行业，公司的营收及净利润虽在短期内出现过大幅增长，但应收账款也同时激增，公司经营活动现金净流量也开始由正转负，为日后公司的业绩和资金链"爆雷"埋下了隐患。此后，公司计提了 13 亿元的商誉减值准备，拖累公司业绩"爆雷"。

最后，跨境收购中的外部风险不容忽视，"并购雷"可能从外部引爆。跨境并购是一项复杂的系统工程，整个交易过程持续时间长且不确定性较高。同时，受到国际形势不确定性的影响，并购来的资产也被置于风险之中，严重影响了上市公司的业绩表现。比如，2016 年 4 月，暴风集团跨境收购主要从事媒体传播权管理的英国体育传媒公司——MP&Silva Holding S. A.（以下简称 MPS）65% 的股权。依据协议，暴风集团需要在 18 个月内完成最终收购，否则，暴风集团将向各合伙方承担损失赔偿责任。但不久之后，MPS 的核心管理层相继离职，引发其随之失去各项体育赛事的转播权，最终因经营陷入困难而破产，受此影响，暴风集团未能如约完成收购，面临巨额损失赔偿责任。

（二）当代东方过度依赖并购，终被资本游戏反噬

从目前已经退市的公司来看，并购尤其是跨界和跨境并购，是导致上市公司陷入困境的一个重要"雷区"。因为遭遇并购"后遗症"，而落入困境，最终导致退市的公司有很多，例如，宜华健康、吉恩镍业、暴风集团、天翔环境、当代东方、爱迪尔珠宝等。下面，我们以当代东方和爱迪尔珠宝为例，来说明这个问题。

当代东方的前身是大同水泥，1997 年在深交所上市。2010 年，由于长期经营不善，大同水泥集团将 29.99% 的大同水泥股份转让给了当代集团，当代集团成为大同水泥的第一大股东。2011 年，大同水泥正式更名为当代东方。2014 年，当代东方通过定向增发募集资金 11 亿元，溢价 12 倍，收购了知名影视公司——东阳盟将威影视文化有限公司。

2015 年，当代东方制定战略规划，计划用三年时间，将公司打造成 500 亿元市值的影视集团。随后，当代东方就开启了"买买买"模式，撒网式收购业内公司，一路高歌猛进。2015 年，当代东方以现金收购中广国际数字电影院线（北京）有限公司；2016 年收购北京华彩天地发展股份有限公司。2017 年，公司纳入合并范围的子公司达到 62 家，相比 2015 年增长了 55 家。

快速扩张在短期内确实为当代东方带来了亮眼的成绩。公司年报显示，2015—2017 年，当代东方分别实现营业收入 4.93 亿元、9.86 亿元、8.2 亿元；净利润则分别为 1.16 亿元、1.89 亿元、1.55 亿元。

然而，"买买买"收购模式的背后，当代东方的财务危机也开始凸显。公司年报显示，2014—2018 年，当代东方经营活动产生的现金流量净额分别为 -965.22 万元、-4.89 亿元、-9411.84 万元、-4.66 亿元、-1.49 亿元，连续 5 年为负。

与此同时，2017 年 7 月，东阳盟将威影视文化有限公司的核心团队出走，另立门户，这严重影响了公司的运营，直接导致了当代东方的业绩"大变脸"。

2017 年年报显示，公司当年营业收入和净利润分别下滑 17% 和 38%。紧接着，2018 年和 2019 年，当代东方计提商誉减值损失分别为 9.5 亿元、0.9 亿元，其他资产减值损失分别为 5.7 亿元、2.01 亿元。巨额的资产减值损失，直接导致了 2018 年和 2019 年当代东方分别亏损 16 亿元和 6 亿元，以及 2019 年度和 2020 年度的期末净资产为负。

按照退市规则，公司于 2021 年 4 月 29 日起被实施退市风险警示，一年后，公司的 2021 年财务报告，又被会计师事务所出具了无法表示意见的审计报告，触发了强制退市的条件，公司于 2022 年 7 月被强制退市。

从 2014 年的风光无限，到 2018 年后的一地鸡毛，再到 2022 年被强制退市。当代东方的遭遇并非个例，这背后当然有资本市场的周期性波动因素，但更多的是因为公司过于依赖并购，最终被资本游戏反噬。

（三）爱迪尔珠宝深陷并购"后遗症"，业绩"爆雷"终退市

福建爱迪尔珠宝实业股份有限公司（以下简称爱迪尔）成立于 2001 年，是集珠宝首饰产品设计研发、生产加工、品牌连锁为一体的知名珠宝品牌企业。

2015 年，爱迪尔在深交所上市，上市以后公司营业收入节节攀升，但是净利润却大幅下滑。据公司年报显示，2014—2016 年爱迪尔的营业收入分别增长 10.8%、-5.1%、41.1%，但净利润却连年下滑，2014—2016 年，公司净利润分别下降了 4%、23%、14%。

为了给公司带来业绩增长点，打破公司业绩连年下滑的困境，2017 年开始，

爱迪尔就开启了连续并购之路。2017 年 4 月，爱迪尔以 2.55 亿元的价格，收购了深圳市大盘珠宝首饰有限责任公司（以下简称大盘珠宝）51% 的股权。2017 年 11 月，爱迪尔决定以发行股份及支付现金方式，分别以 9 亿元和 7 亿元的价格，收购千年珠宝及蜀茂钻石 100% 的股权。事实上，该收购直到 2019 年才完成。

大笔收购直接的后果就是商誉被推高。2017 年收购大盘珠宝形成归属收购方的并购商誉 1.42 亿元，2019 年收购千年珠宝、蜀茂钻石分别形成商誉 3.53 亿元、4.13 亿元。三家公司累计商誉达 9.08 亿元。

不过，并购后遗症很快到来。先是大盘珠宝管理层出现动荡，紧接着，另两家公司也出现业绩下滑，无法兑现业绩承诺，于是，商誉爆雷就接踵而来。2020 年和 2021 年，公司分别计提商誉减值损失 4.5 亿元和 2.6 亿元，其他资产减值损失分别为 9.8 亿元和 2.9 亿元。

巨幅的资产减值损失，直接导致了爱迪尔的业绩大变脸。据公司年报显示，2020—2022 年，爱迪尔公司分别亏损 15.59 亿元、7.72 亿元和 7.09 亿元。

2023 年 5 月 5 日，因 2022 年经审计的归母净资产为负值，2022 年度财务报告被审计机构出具了无法表示意见的审计报告，爱迪尔被实施退市风险警示。2023 年 12 月 22 日至 2024 年 1 月 19 日期间，爱迪尔股票连续二十个交易日的每日收盘价均低于 1 元，于 2024 年 3 月 4 日被强制退市。

二、公司治理和内部控制缺陷，大股东及关联方"掏空"上市公司

由本书前文所述可知，违法违规在退市公司中具有普遍性，而违法违规通常是因为公司的内部治理和内部控制存在缺陷，这是导致很多公司业绩迅速恶化的重要原因，也是很多公司不断出现问题、最终导致退市的根本原因。

（一）大股东等关联方非经营性占用资金，致使上市公司陷入困境

大股东等关联方非经营性占用上市公司资金，是公司治理和内部控制缺陷的直接表现，也是退市公司中比较普遍存在的情况。这些行为，干扰了公司的正常经营，加重了公司的财务费用负担，损害了公司和广大投资者的利益。

第一，由于上市公司的资金被大股东等关联方非经营性占用，干扰了公司的正常经营。资金被占用导致上市公司缺乏正常的现金流维持公司运转，造成拖欠员工工资和财务支付困难等问题，而长期大面积欠薪又导致员工流失严重，职能部门配备员工严重不足，公司运转困难，最终使公司深陷退市旋涡。

第二，资金占用往往难以收回，这就需要计提坏账准备，从而拖累公司业绩。比如，根据证监会出具的《行政处罚决定书》，千山药机公司的实控人通过

直接或支付工程款、贷款等名义，将千山药机及其子公司的资金转移至其实际控制的个人或单位账户，并将千山药机通过民间借贷所融得的资金直接从出借方账户转至其实际控制的个人或单位账户。2017年至2019年期间，千山药机公司的实控人通过上述形式非经营占用上市公司资金共1.95亿元。截至2019年末，尚有0.93万元被占用资金未归还。因还款计划未产生明显效果、收回占用资金希望渺茫，千山药机对上述金额全额计提了坏账准备。

第三，非经营性占用上市公司资金，加重了公司的财务费用负担。比如，2016年中弘股份向其控股股东的关联方提供资金43.67亿元，2017年又提供资金162.45亿元，2017年末仍占用上市公司资金61.38亿元。与此同时，中弘股份2017年资产负债率已经达到81.26%，有息负债率达到79.93%，偿债压力极大。而控股股东置公司困境于不顾，2016—2017年连续非经营性占用上市公司资金，加重了公司的财务费用负担。

（二）为关联方违规担保，致使上市公司陷入困境

违规担保，是公司治理和内部控制缺陷的直接表现，也是退市公司中比较普遍存在的情况。比如，2017年3月至2018年11月期间，中广天茂公司股东通过有关人员，在未经公司内部审批的情况下，使用公司公章为其相关债务提供担保，担保金额高达3.9亿元，直至公司退市时上述违规担保仍未能解除。再比如，根据监管部门的调查结果显示，2015年、2017年7月至2018年1月期间，神雾环保在未履行公司用印程序、股东大会审议程序及信息披露义务的情况下，为控股股东神雾集团及其子公司借款提供担保，累计金额约10亿元。后来，由于控股股东神雾集团及其子公司债务违约，神雾环保公司作为连带责任担保方被债权人起诉，公司分别在2018年年报、2019年第三季度季报中计提预计负债8712万元和5.22亿元。再比如，根据监管部门的调查结果显示，截至2018年末，千山药机存在违规对外担保共15项，总额约3.50亿元。

违规担保对经营已陷入困境的公司而言，无疑是雪上加霜，损害了公司和广大投资者的利益。

第二节　哪些上市公司需要回避

对于投资者来说，及时回避存在退市风险的股票，避免"踩雷"，是一件非常重要的事。那么，哪些公司需要回避呢？回答这个问题，最重要的是要仔细研究退市规则，对照退市规则里的具体标准，逐一排查自己的投资标的，远离问题股，避免"踩雷"。按照现行的退市标准，强制退市分为交易类强制退市、财务

类强制退市、规范类强制退市和重大违法类强制退市四类情形。

一、回避低股价、低市值的公司，其可能触发"交易类强制退市标准"

《股票上市规则（2024 年修订）》中规定：连续 20 个交易日的每日股票收盘价均低于 1 元；或者，连续 20 个交易日的每日股票收盘总市值均低于 5 亿元；或者，连续 120 个交易日通过本所交易系统实现的累计股票成交量低于 500 万股；上市公司出现此类情形之一，其股票将被强制退市。

近几年，交易类强制退市的节奏明显加快，"1 元退市"已经成为最主要的强制退市原因。一方面，随着注册制的推进，新股大量上市，投融资失衡，"壳资源"的价值逐年下降；另一方面，一些上市公司的违法违规行为被曝光后，投资者担心触发重大违法强制退市，纷纷用脚投票，卖出股票，导致股价跌破 1 元，从而首先触发 1 元退市标准，还没等到按照"重大违法退市标准"退市，就先按"交易类强制退市标准"退市了。

按照这个"交易类强制退市标准"，投资者应回避股价离 1 元较近，总市值离 5 亿元较近的公司，比如，股价低于 2 元，总市值低于 10 亿元，这样的公司，本身就离触发退市标准不远，如果再被交易所立案调查，或者被监管部门证实存在违法违规行为，那么，股价可能就会连续大幅下跌，直奔退市标准而去。

二、回避长期不盈利、净资产很少的公司，其可能触发"财务类强制退市标准"

《股票上市规则（2024 年修订）》中规定：最近一个会计年度经审计的利润总额、净利润或者扣除非经常性损益后的净利润孰低者为负值且营业收入低于 3 亿元；或者，最近一个会计年度经审计的期末净资产为负值；或者，最近一个会计年度的财务会计报告被出具无法表示意见或否定意见的审计报告。上市公司出现此类情形之一，其股票实施退市风险警示；上市公司最近连续两个会计年度经审计的财务会计报告相关财务指标触及上述标准的，其股票终止上市。

从上述标准可以看出，长期不盈利的公司、净资产接近于零的公司、财务报告被出具"非标"审计意见的公司，这三类公司濒临触发"财务类强制退市标准"。

先从审计意见指标来看，截至 2023 年底，沪深交易所共有 A 股上市公司5085 家，从上市公司披露的 2023 年度财务报告的审计意见类别来看，有 82 家公司被出具了"保留意见"的审计报告，有 28 家公司被出具了"无法表示意见"的审计报告。也就是说，共有 110 家公司被出具了"非标"审计意见。虽然《股票上市规则（2024 年修订）》中规定，退市不再与"非标"审计意见挂钩，而只与"无法表示意见或否定意见"的审计意见挂钩。但是，投资者仍然应该对这些"非标"审计意见的公司多加小心，因为，"非标"审计意见离"无法表示意见或否定意见"仅一步之遥，都意味着公司的财务会计报告有或多或少的问题。

再看利润和营业收入指标，过去五年，即 2019—2013 年，沪深 A 股共有 1007 家公司的五年累计净利润小于零，也就是亏损；过去十年，即 2014—2023 年，是 809 家公司累计净利润小于零。一方面，从长达五年和十年周期看，这些公司都没有盈利，没有给股东创造价值；另一方面，这些公司很容易就会触发"财务类强制退市标准"，所以，投资者应回避这些公司。再看营业收入指标，根据 2023 年的年报，沪深 A 股共有 29 家公司 2023 年的营业收入低于 1 亿元；退市规则是要求营业收入低于 1 亿元，同时利润为负，才触发退市风险警示。所以，营业收入指标和利润指标，要结合起来看。

再看净资产指标，根据 2023 年的年报，沪深 A 股共有 23 家公司的期末净资产为负，已经触发"退市风险警示"；有 33 家公司的期末净资产虽然为正，但小于 1 亿元，如果下一个年度，公司亏损 1 亿元以上，那么，这 33 家公司也将濒临退市。

三、回避内部治理不规范的公司，其可能触发"规范类强制退市标准"

《股票上市规则（2024 年修订）》中规定：半数以上董事无法保证公司所披露半年度报告或年度报告的真实性、准确性和完整性；或者，未在法定期限内披露半年度报告或者经审计的年度报告；或者，公司被控股股东（无控股股东，则为第一大股东）及其关联人非经营性占用资金，余额达到最近一期经审计净资产绝对值 30% 以上，或者金额达到 2 亿元以上；或者，连续 2 个会计年度的财务报告内部控制被出具无法表示意见或者否定意见的审计报告；上市公司出现此类情形之一，其股票实施退市风险警示。

从上述标准可以看出，规范类强制退市主要适用上市公司被非经营性占用资金、没有按期披露年报和半年报、被交易所责令改正后未在规定期限内改正等情形。比如，2020 年 7 月，暴风集团因未能按期披露 2019 年年度报告，公司股票被暂停上市。被暂停上市后的一个月内，公司仍未能披露 2019 年年度报告，公司于 2020 年 8 月 28 日被强制退市。

四、回避在"五大安全"领域涉嫌重大违法的公司，其可能触发"重大违法强制退市标准"

重大违法强制退市，包括两种情形，一种是财务造假，另一种是在国家安全等"五大安全"领域的重大违法。

《股票上市规则（2024 年修订）》中规定："上市公司存在涉及国家安全、公共安全、生态安全、生产安全和公众健康安全等领域的违法行为，情节恶劣，严重损害国家利益、社会公共利益，或者严重影响上市地位，其股票应当被终止上市。"所谓重大违法行为，是指下列情形之一"（一）上市公司或其主要子公司被依法吊销营业执照、责令关闭或者被撤销；（二）上市公司或其主要子公司被依法吊销主营业务生产经营许可证，或者存在丧失继续生产经营法律资格的其他情形；（三）本所根据上市公司重大违法行为损害国家利益、社会公共利益的严重程度，结合公司承担法律责任类型、对公司生产经营和上市地位的影响程度等情形，认为公司股票应当终止上市的"。

到目前为止，因危害国家安全等"五大安全"而被强制退市的公司，只有长生生物一家。2018 年 10 月 16 日，长生生物科技股份有限公司的主要子公司长春长生生物科技有限责任公司因违法违规生产疫苗，被药品监督管理部门给予吊销药品生产许可证、处罚没款 91 亿元等行政处罚。深交所于 2019 年 1 月 14 日作出对公司股票实施重大违法强制退市的决定。

所以，当一家上市公司，处于"五大领域"的舆论风波的时候，投资者应及时远离。实际上，综观这些年，凡是涉及社会大众的敏感舆论话题的上市公司，其风险都不小，股价大幅波动一般是免不了的，对于这类风险，投资者应及时回避。

五、回避涉嫌"财务造假"的公司，其可能触发"重大违法强制退市标准"

在实践中，因"重大违法"退市的公司，大多数都是因为"欺诈发行""财务造假"等重大信息披露违法。《股票上市规则（2024 年修订）》中规定"上市公司存在欺诈发行、重大信息披露违法或者其他严重损害证券市场秩序的重大违法行为，且严重影响上市地位，其股票应当被终止上市"。

这类重大违法，主要是指下列情形之一：

"根据中国证监会行政处罚决定载明的事实，公司披露的营业收入、利润总额或者净利润任一年度虚假记载金额达到 2 亿元以上，且超过该年度披露的相应科目金额绝对值的 30%；或者公司披露的资产负债表中资产和负债科目任一年度虚假记载金额合计达到 2 亿元以上，且超过该年度披露的年度期末净资产金额绝对值的 30%（计算资产负债表中资产和负债科目虚假记载金额合计数时，虚增和虚减金额合计计算；本项情形适用于 2024 年度及以后年度的虚假记载行为）"。

"根据中国证监会行政处罚决定载明的事实，公司披露的营业收入、利润总额或者净利润连续 2 年虚假记载金额合计达到 3 亿元以上，且超过该 2 年披露的相应科目合计金额的 20%；或者公司披露的资产负债表中资产和负债科目连续 2 年虚假记载金额合计达到 3 亿元以上，且超过该 2 年披露的年度期末净资产合计金额的 20%（计算前述合计数时，相关财务数据为负值的，先取其绝对值再合计计算；计算资产负债表中资产和负债科目虚假记载金额合计数时，虚增和虚减金额合计计算；本项情形适用于 2024 年度及以后年度的虚假记载行为）"。

"根据中国证监会行政处罚决定载明的事实，公司披露的年度报告财务指标连续 3 年存在虚假记载，前述财务指标包括营业收入、利润总额、净利润、资产负债表中的资产或者负债科目（本项情形适用于 2020 年度及以后年度的虚假记载行为）"。

"根据中国证监会行政处罚决定载明的事实，公司披露的营业收入连续 2 年均存在虚假记载，虚假记载的营业收入金额合计达到 5 亿元以上，且超过该 2 年披露的年度营业收入合计金额的 50%；或者公司披露的净利润连续 2 年均存在虚假记载，虚假记载的净利润金额合计达到 5 亿元以上，且超过该 2 年披露的年度净利润合计金额的 50%；或者公司披露的利润总额连续 2 年均存在虚假记载，虚假记载的利润总额金额合计达到 5 亿元以上，且超过该 2 年披露的年度利润总额合计金额的 50%；或者公司披露的资产负债表连续 2 年均存在虚假记载，资产负债表虚假记载金额合计达到 5 亿元以上，且超过该 2 年披露的年度期末净资产合计金额的 50%（计算前述合计数时，相关财务数据为负值的，则先取其绝对值再合计计算；本项情形适用于 2020 年度至 2024 年度）"。

那么，投资者应该如何识别这类公司呢？

首先，我们来看一下，没有财务造假的正常公司是什么样子的。一家没有进行财务造假的上市公司应该是这样的：第一，应收账款和应收票据等应收项目占营业收入的比例较低，且相对固定；第二，资产负债表的结构较为稳定，存货、固定资产、在建工程、商誉等科目没有大的变动；第三，公司业务扩张与员工增长基本匹配；第四，关联交易绝对金额不高且占营业收入的比例较小；第五，现金流量表正常，经营活动产生的现金流量净额与净利润基本相差不大；第六，资产负债表上的货币资金余额较大；第七，纳税额及其与营业收入的比例相对稳定；第八，公司几乎每年都分红，且分红占净利润的比例高于30%。

接下来，我们来看一下，涉嫌财务造假的公司是什么样子的。大多数的财务造假都是公司管理层经过周密的谋划后组织实施的，手法专业，欺骗性强，很难被直接发现。但是，不管怎么造假，"资产＝负债＋所有者权益"和"利润＝收入－成本和费用"的会计恒等式必须满足，所以，造假者要么虚增资产或虚减负债，要么虚构业务、虚增收入或虚减成本和费用，其结果就必然表现为一些财务指标的异常。所以，通过分析相关财务指标是否异常，往往可以识别上市公司有无财务造假行为。

（一）毛利率的异常波动

毛利率是投资者应该重点关注的指标，它反映了企业的竞争优势，一家企业出问题，往往是从毛利率这个指标开始的。

远高于同行业的毛利率是财务造假的一个基本特征。一般来说，除非外部环境发生重大变化（比如煤炭、有色金属等周期性行业，产品售价会随着外部环境大幅波动），公司的毛利率应该在较小的范围内波动，与同行的差距也应该在较小的范围内波动。所以，毛利率忽高忽低且与同行相差较大的企业，财务造假的可能性比较高，值得警惕。例如，2011—2014年财务造假的博元投资，其毛利率分别为：13.5%、25.5%、18.9%和6.7%，波动巨大；2017年财务造假的华虹计通，其2017年的毛利率为24.3%，而其2016年和2018年的毛利率分别为11.1%和17.1%，同样出现异常波动。

此外，还需要结合存货周转率来判断毛利率是否正常：一般情况下，存货周转速度应与毛利率同方向变化，因为存货周转速度的加快或放慢，意味着销售和营运能力的上升或下降，此时毛利率应该同时上升或下降。若二者变动方向相反，则财务造假的可能性较大。

（二）现金流的异常波动

首先，如果企业经营活动产生的现金流量净额是脉冲式的，也就是说，前几年的经营活动现金流很差，然后突然一年变得很好，这一迹象很可能意味着公司存在财务造假的嫌疑。比如，千山药机2015—2018年的经营活动现金流量净额分别为1.07亿元、－0.97亿元、－14.83亿元和0.82亿元，呈现脉冲式波动。后来，证监会下发的《行政处罚决定书》，显示千山药机虚构销售回款、虚增在建工程、虚减应收账款及坏账准备、虚增销售收入，导致公司2015年度和2016年度分别虚增利润7950.53万元和3.57亿元，分别占当年年报披露利润总额的95.76%和160.05%。

其次，如果企业经营活动产生的现金流量净额长期低于净利润，这一迹象也往往预示着该公司存在财务造假的嫌疑。企业经营活动产生的现金流量净额长期低于净利润，这说明，确认为利润的相对应的资产，属于不能转换为现金流的虚拟资产。比如，康美药业的财务造假案例，2015—2017 年，康美药业的净利润逐年增长，其经营活动产生的现金流也逐年增长，但是其经营活动产生的现金流量净额却大幅低于净利润，这说明其收入对应的应收账款为虚增资产，后来证监会的处罚也验证了这一点。

（三）某些科目的异常变动或科目间比例关系的不匹配

财务报表是公司经营活动的财务反映，资产负债表、利润表和现金流量表之间存在科目上的勾稽关系。如果某些科目突然大幅变动，比如，营业外收入突然大增、存货突然大增、长期待摊费用大增、在建工程迟迟未转为固定资产、其他应收应付款数额很大等。那么，这家公司涉嫌财务造假的概率就比较大。如果某些科目之间的关系不匹配或者比例关系异常，比如，货币资金余额和年度利息收入，存货和摊销，营业收入与期间费用率等的匹配关系存在异常，那么，这家公司涉嫌财务造假的概率也比较大。

下面，我们仅列举几条，供投资者参考。

第一，应收账款突然大幅增长。如果一家公司的应收账款增加的速度，大幅超过其主营业务收入增加的速度，这往往是公司要出问题的先兆。

第二，资产负债表上的货币资金科目余额较大，但年度利息收入却很少。比如，某公司 2018 年度利息收入仅有 500 万元，而货币资金余额却有 11 亿元，也就是说公司货币资金的收益率仅有 0.45%。问题是，2018 年，中国的 3 个月期限的定期存款的利率为 1.4% 左右，余额宝的收益率也一直保持在 2.6% 左右，银行间市场 7 天逆回购利率保持在 3% 左右。所以，公司的货币资金的收益率远低于市场平均水平，投资者有理由怀疑，公司账上的 11 亿元现金是不是有问题。

第三，营业收入的增长与库存的增长不匹配。比如，某公司某个年度的营业收入增长了 50%，而库存却增长了 50%。这说明，公司产品的产量远大于销量，产品卖不完却加大生产。这时候，投资者就应该怀疑这家公司的营业收入或库存科目是不是有问题。

第四，营业收入大幅提高，而工资性支出等却远低于其增长。一般来说，营业收入跟员工的工资应该是正相关甚至同比例的增长，如果二者差异巨大，那么，投资者就应该怀疑公司营业收入的真实性。

（四）财务造假的其他指标

第一，财务总监、董事会秘书无故辞职或突然更换会计师事务所。按照规定，上市公司每年 4 月 30 日前要披露前一年度的年度报告，也需要会计师事务所出具审计报告。如果在年报披露前夕，上市公司的财务总监或董事会秘书突然辞职，或者突然更换会计师事务所，那么，可能的原因就是，财务总监和董事会秘书，拒绝配合上市公司造假，或者是审计师拒绝在年度财务报表上签字。如果新聘请的财务总监或会计师事务所是名不见经传且信誉不佳的话，那财务造假的可能性就更高了。

第二，年报突然延期披露，或未能在法定期限内披露年度报告。这种情况，最大的可能就是，在年报披露的最后关头，审计师拒绝签字。在美国市场上，未能在交易所规定的期限内提交年报的，几乎百分之百是造假公司，这样的例子非常多。在中国股市，也有这样的例子。比如，2015 年 3 月 27 日夜间，乐视网突然公告说："因 2014 年年度报告相关文件资料未能及时上传至交易所信息披露系统，公司未能按期披露年报，故公司股票于 2015 年 3 月 30 日开市起停牌。公司将于 2015 年 3 月 30 日提交 2014 年年度报告及其相关文件，待完成相关公告发布后复牌。"3 年后，乐视网故技重施，2018 年 4 月 24 日，乐视网突然公告说："公司原定于 2018 年 4 月 25 日披露 2017 年年度报告，因目前审计工作仍在进行中，公司尚未取得 2017 年度审计报告，预计无法按期披露，将延期至 2018 年 4 月 27 日进行披露。"后来，即 2021 年 4 月 12 日，证监会公布的对乐视网的《行政处罚决定书》证实，乐视网在 2007 年至 2016 年间，连续十年财务造假。

第三，监管事项异常。这种情况主要是指上市公司收到监管部门的监管事项。一般情况下，监管部门不会无缘无故找上市公司，如果公司频繁收到监管问询函，则大概率公司有问题。比如，乐视网在 2015 年至 2020 年期间，共收到 30 多封来自深交所的各种问询函。投资者要能够正确理解监管部门对上市公司下发的各种"函"：一是"关注函"，这种一般是股价异动之类的，问题不大。二是"问询函"，主要是交易所在公司的并购、重组及财务报告中发现了一些疑问，需要公司针对性地做重点说明。这种类型是最普遍的，如果有些公司本身就有造假嫌疑，或者说有比较大的风险的，那就要小心一些。三是"警示函"和"监管函"，一般情况下，"警示函"和"监管函"说明公司存在不同程度的违规问题，但问题不是太严重，要求责令改正。风险有多大，要看具体情况，有的是违规减持，有的是信息披露的问题。四是"立案调查"，"立案调查"基本上相当于"爆雷"倒计时，这种情况，基本上说明监管部门已经对公司的违法违规问题，有了比较大的把握和证据，而且，一般问题比较严重，投资者应及时果断卖出股票，远离这些公司。

第四，公司的主要供应商或者客户，可疑或者不正规。比如，上市公司的某个客户贡献的收入占比很高，而该客户成立的时间又比较晚、缴纳社保的人数很少、公司规模过小，大股东背景很奇怪，有被处罚背景等，这种业务规模特征与交易金额相背离、供应商变动频繁或存在隐性关联关系的都意味着背后可能存在舞弊行为。

第五，业绩预告非常不准确，差额巨大。这种情况，一般是因为首次业绩预告后，被交易所质疑，后来公司又公告了一个业绩预告修正公告，几乎是变相承认了之前的业绩是假的。比如，2022 年 1 月 29 日，罗顿发展披露业绩预告称，预计 2021 年度营业收入约 1.52 亿元，扣非归母净利润为 -3430 万元至 -4390 万元。2022 年 4 月 15 日，罗顿发展披露业绩预告更正公告称，预计 2021 年实现营业收入约 0.72 亿元，且因公司营业收入低于 1 亿元且"扣非归母净利润"为负数，公司股票触及终止上市条件。

第六，大股东行为异常。上市公司大股东的股权大比例质押或被冻结。从结果上看，在财务造假公司中，这一异常出现的频率很高。

第三节　理解退市进程及各方行为

本节我们以博元投资为例，来分析一下，如何正确地理解退市进程，以及退市进程中监管部门和大股东之间的博弈，在这个过程中，投资者的行为和股价表现，希望能够为投资者举一反三、及时逃离问题股、避免"踩雷"提供帮助。

一、博元投资 26 年中国股市生存史

博元投资（证券代码：600656）前身为浙江省凤凰化工股份有限公司，1990 年在上海证券交易所上市，第一大股东是兰溪市财政局，是中国 A 股市场首批上市的八家公司之一，俗称"老八家"。浙江凤凰以生产洗涤和洗护用品为主，上市后业绩一直不佳。

1994 年，康恩贝收购了兰溪市财政局持有的浙江凤凰的股权，成为浙江凤凰的第一大股东。康恩贝入主之后，公司业绩仍然不见起色，1996 年公司业绩甚至出现亏损。

2001 年，康恩贝将其持有的浙江凤凰的全部股权，转让给了中国华源集团，公司名称也更改为"华源制药"。这一年，证监会开始对亏损上市公司正式实施退市制度，"PT 水仙"（证券代码：600625）、"PT 粤金曼"（证券代码：000588）和"PT 中浩"（证券代码：000015），相继因连续亏损而被强制退市。

2004—2006 年，华源制药连续三年亏损。

2007 年 5 月 25 日，华源制药连续三年亏损被暂停上市。

2007 年，东莞市勋达投资管理有限公司和自然人许志榕通过联合竞拍获得了华源制药原第一大股东的全部股权，成为华源制药的第一和第二大股东。随后，勋达投资和许志榕将其持有的东莞市方达环宇环保科技有限公司 51% 的股权无偿注入华源制药，公司 2007 年度扭亏为盈。

2008 年 7 月 1 日，华源制药恢复上市，并更名为"方达资源"，主业从制药行业转向环保行业。

2010 年，珠海华信泰投资公司收购了勋达投资持有的华源制药 21% 的股权，成为华源制药的第一大股东。

2011 年，华源制药更名为博元投资。

2009—2011 年，方达资源连续三年亏损，濒临退市。

2012 年，博元投资扭亏为盈。公司公告称"净利润增加的主要原因是：一是母公司采取加强内部管理、减少费用支出及恢复正常经营业务等措施，实现了盈利，全年完成净利润 1743.35 万元；二是部分子公司、参股公司利润增加，亏损减少"。

2014 年 6 月，证监会对博元投资进行立案调查。

2015 年 3 月，博元投资因涉嫌违规披露、不披露重要信息罪、伪造变造金融票据罪，被证监会依法移送公安机关。

2015 年 5 月，博元投资被暂停上市。

2016 年 5 月，博元投资因重大违法被强制退市。

二、博元投资退市进程中的各方博弈及投资者行为分析

博元投资是中国资本市场上第一家因重大违法被强制退市的公司。下面，我们从立案调查开始，一步一步地分析，监管部门、上市公司、大股东、投资者的行为及相互博弈的过程。

（一）立案调查期间市场的反应

2014 年 6 月 18 日夜间，博元投资发布公告，公司因涉嫌信息披露违法违规被广东证监局立案调查。

投资者此时并未意识到后续可能的巨大风险，市场的反应仅仅是一个跌停，随后便是一路上涨。2014 年 6 月 19 日，博元投资股票跌停，6 月 20 日博元投资股票低开，当日股价低点为 5.66 元，随后股票一路上涨，到 2014 年 10 月 16 日收盘，公司股票已涨至 10.52 元，涨幅高达 85%。

2014 年 10 月 17 日，中国证监会发布了《关于改革完善并严格实施上市公司退市制度的若干意见》，并自 2014 年 11 月 16 日起正式施行。

"退市新规"一出,自2014年10月17日起,博元投资的股价就基本见顶了。此后的2个月,中国股市一路上涨,但博元投资的股价却呈现高位震荡,并小幅地跟随大盘上涨,投资者并没有果断出逃。

(二)财务造假问题"浮出水面"

2014年12月8日夜间,博元投资发布公告称:"公司收到中国证监会广东监管局《关于对珠海市博元投资股份有限公司采取责令公开说明措施的决定》(以下简称《决定》),根据该《决定》记载,中国证监会广东监管局发现2011年间,子公司珠海裕荣华投资有限公司财务资料记载的部分银行交易收付交易未真实发生;2011—2013年间,公司和子公司应收票据交易存在背书情况不实等情况。责令公司在10个工作日内对上述情况进行公开说明。本公司因前述《决定》涉及事项,可能受到中国证监会行政处罚,并且可能在行政处罚决定书中被认定构成重大违法行为,或者因涉嫌违规披露、不披露重要信息罪被依法移送公安机关。如果出现上述情况,公司将触及《上海证券交易所股票上市规则(2014年修订)》13.2.1条规定的欺诈发行或者重大信息披露违法情形,公司股票将被实施退市风险警示。实施退市风险警示后,公司股票交易三十个交易日。交易期满后公司股票停牌,上海证券交易所将在十五个交易日内作出是否暂停公司股票上市的决定。"

2014年12月9日,博元投资股票跌停。

从上述证监会的这个《决定》,可以看出,此时证监会已基本明确公司涉嫌财务造假行为,但是,证监会的退市制度里面还没有明确"重大违法"的认定标准,证监会在行政处罚决定中也还没有认定"重大违法"的先例,上市公司是否构成重大违法,只能等待司法机关的有罪或无罪判决。由于司法漫长程序,这就给了上市公司时间去运作"保壳",让重大违法退市制度的执行存在诸多不确定性。

所以,我们马上就可以看到,博元投资开始试图"保壳"了。

(三)筹划重大资产重组,试图"保壳"

2014年12月22日夜间,博元投资发布公告,因筹划重大资产重组,公司股票于2014年12月23日起停牌。公司开始自救了。

(四)涉嫌构成违规披露、不披露重要信息罪和伪造、变造金融票证罪,被证监会移送公安机关

经过3个多月的停牌后,2015年3月30日,博元投资发布公告称:"2015年3月27日,珠海市博元投资股份有限公司(以下简称公司)收到了上海证券交易所发来的《关于通报珠海市博元投资股份有限公司涉嫌信息披露违法违规案被中

国证监会移送公安机关的函》，来函称：经查，博元投资 2011 年 4 月 29 日公告的控股股东华信泰已经履行及代付的股改业绩承诺资金 38452.845 万元未真实履行到位。为掩盖这一事实，博元投资在 2011 年至 2014 年期间，多次伪造银行承兑汇票，虚构用股改业绩承诺资金购买银行承兑汇票、票据置换、贴现、支付预付款等重大交易，并披露财务信息严重虚假的定期报告。其中，2011 年年报虚增资产 34705 万元（占资产总额 69%），虚增负债 1223.84 万元；2012 年年报虚增资产 36455.83 万元（占资产总额 62%），虚增负债 876.26 万元，虚增营业收入和利润 1893.2 万元（占利润总额 90%）；2013 年年报虚增资产 37800 万元（占资产总额 62%），虚增营业收入和利润 2364.54 万元（占利润总额 258%）；根据《刑法》及《最高人民检察院、公安部关于公安机关管辖的刑事案件立案追诉标准的规定（二）》的有关规定，博元投资上述行为涉嫌构成违规披露、不披露重要信息罪和伪造、变造金融票证罪，中国证监会已于 2015 年 3 月 26 日将该案移送公安机关。根据《上海证券交易所股票上市规则》公司股票触及被实施退市风险警示的情形，公司股票自 2015 年 3 月 31 日起复牌，并实施退市风险警示，在风险警示板交易。"

此时，公司的问题已经很清楚了，投资者应该做的是夺门而出，不惜成本地卖出。然而，公司的股价却是大幅震荡，时而连续涨停，时而连续跌停，投资者分歧巨大。2015 年 3 月 31 日—2015 年 4 月 9 日，博元投资股票连续 7 个交易日跌停，随后震荡 6 个交易日，2015 年 4 月 17 日起连续 8 个交易日涨停，随后又是 5 个交易日连续跌停。

（五）第一大股东违规减持

2015 年 5 月 8 日夜间，博元投资发布公告称："2015 年 5 月 6 日和 5 月 8 日，博元投资第一大股东（持股 10.49%）违规减持公司股份，两次减持合计 1497.8 万股，占公司总股本的 7.87%。根据相关规定，持有上市公司 5% 以上股份的股东，每增加或者减少公司股份达到 5%，应当在事实发生之日起 3 日内通知上市公司并公告，在前述期间及公告后 2 日内均不得再行买卖公司股票。而博元投资的大股东未在减持股份数量达到 5% 时停止减持并对外公告，违反了前述规定。就此问题，交易所已于 5 月 8 日对其采取了盘中暂停账户继续卖出 *ST 博元股票的监管措施。"

第一大股东违规也要减持股份，卖得这么急，这么多，如果不是监管及时叫停的话，第一大股东是要清仓的。这个信号已经足够明确了，第一大股东都不认为公司能恢复上市，所以，赶在暂停上市前"清仓式"减持。然而，在这之后的几个交易日，仍有大量的投资者飞蛾扑火，赌公司能够恢复上市，发生"乌鸡变凤凰"的故事。

2015年5月13日夜间，博元投资发布公告称："公司股票已在风险警示板交易29个交易日，2015年5月14日为公司股票在风险警示板交易的最后一个交易日。根据上海证券交易所《股票上市规则》的相关规定，公司股票在风险警示板交易三十个交易日期满后，公司股票将被暂停上市。若公司股票被暂停上市，如未能在中国证监会作出移送公安机关决定之日起的12个月内恢复上市，或者在此期间被人民法院作出生效有罪判决，公司股票将被上海证券交易所终止上市。"

2015年5月12—14日，是＊ST博元在暂停上市前最后三个交易日，股价连续三天涨停，三个交易日的换手率也高达40%，说明投资者对＊ST博元能够在未来一年内恢复上市，抱有侥幸心理。

2015年5月15日起，＊ST博元股票停牌。

（六）暂停上市、重组失败、重整

2015年5月28日起，＊ST博元股票暂停上市。

2015年6月19日，＊ST博元发布公告，终止重大资产重组。公告称："公司于2015年6月12日收到本次重大资产重组交易对方广西资富发来的《关于协商终止重大资产重组的函》。广西资富鉴于公司因涉嫌信息披露违法违规案被中国证监会移送公安机关，并在2015年5月28日被上海证券交易所决定暂停公司股票上市。以及根据公司的近期公告，公司目前存在较多诉讼，且部分资金被法院冻结，广西资富认为交易进行的条件发生变化，公司目前无力完成增资框架协议下现金支付义务。因此向公司提出协商终止本次重大资产重组事项。"

2015年7月23日，＊ST博元发布公告，拟向法院申请重整。公告称："鉴于公司未来的去向事关全体股东的切身利益，为避免公司退市，最大限度维护公司和股东自身利益，尽快启动拯救公司的司法程序，公司董事会同意公司自行向人民法院提起重整申请。"

2015年8月27日，公司收到珠海市中级人民法院（2015）珠中法民二破（预）字第3号《受理案件通知书》及《告知合议庭成员通知书》，珠海市中级人民法院将依法组成合议庭对公司的重整申请进行审理。公司重整申请能否获得法院裁定受理尚存在不确定性。

（七）第二次自救

2015年12月12日，＊ST博元发布公告称："本公司接受自然人股东郑伟斌无偿捐赠其持有的福建旷宇95%的股权，将该资产按照对应评估值85886.65万元计入公司资本公积。经公司要求，郑伟斌无偿捐赠的福建旷宇42.04%股权对应评估值 38000.00 万元用于弥补公司原大股东挪用公司的股改资金 373767716.08 元造成的损失。本次受赠资产完成后，公司持有福建旷宇 95% 的股权，对应评估值 85886.65 万元计入公司资本公积，根据公司 2014 年审计报告及 2015 年第三季度季报数据，这将改善公司的财务状况（实现净资产为正，净利润为正），使公司摆脱资不抵债的困境，同时提高了公司持续经营能力。公司本次受赠资产虽有助于改善公司财务状况，但受赠资产事项与公司恢复上市无必然联系。公司恢复上市须满足上海证券交易所《股票上市规则》（2014 年修订）第 14.2.7 条要求的条件，主要包括已全面纠正重大违法行为，已撤换与重大信息披露违法行为有关的责任人员，已对相关民事赔偿承担做出妥善安排，且不存在规则规定的暂停上市或者终止上市情形等。因此，公司依然存在终止上市的风险。"

（八）2015 年度业绩预告及更正公告

2016 年 1 月 30 日，公司发布 2015 年度业绩预告，公司 2015 年度扭亏为盈。公告称："经财务部门初步测算，预计 2015 年年度经营业绩与上年同期相比，将实现扭亏为盈，实现归属于上市公司股东的净利润在 0 至 500 万元之间。"

投资者应该怎么看待这个业绩预告，选择相信还是不相信？谨慎起见的话，应该选择不相信。即使抱有幻想，那么，后续仍有信号，投资者看公告一定要把前后的公告联系起来看。

2016 年 3 月 9 日夜间，*ST 博元发布 2015 年年度报告延期披露的公告，公司原定于 2016 年 3 月 10 日披露的 2015 年年度报告，延期至 2016 年 4 月 29 日披露。

这个时候，投资者就不应该抱有幻想了。一般来说，公司不能按期披露年报，最大可能的原因，就是审计师拒绝签字。而事实上，就在公司 2015 年年报正式披露的前一天，即 2015 年 4 月 28 日，公司发布 2015 年度业绩预告更正公告："经注册会计师初步年审及财务部门再次测算，预计 2015 年年度归属于上市公司股东的净利润为 -2000 万 ~ -2500 万元。公司与注册会计师对更正后的业绩预告不存在分歧。"

（九）退市整理期及正式摘牌

2016 年 3 月 21 日，上海证券交易所决定终止公司股票上市。

2016 年 3 月 29 日起，公司股票进入退市整理期交易，股价连续 4 个交易日跌停，随后一直到公司正式退市，股价震荡盘升，并未出现连续跌停的局面。

2016 年 5 月 11 日，公司股票退市整理期结束，次日公司股票正式终止上市。

令人震惊的是，直到正式退市，*ST 博元的股价仍有 4.49 元。博元投资是中国股市首例重大违法强制退市，投资者对公司退市的杀伤力还认识不足，对公司重新上市仍抱有幻想，当然这也跟 2014 年底到 2015 年上半年中国股市出现"疯牛"行情有关系。事实证明，这都是错误的，从最近几年的退市案例来看，一只股票一旦被锁定退市，那么，股价一般都是天天跌停，直到正式摘牌退市。

第七章　中国资本市场高质量
发展的路径及建议

强大的资本市场是现代经济的标配。推动资本市场高质量发展，有利于发展股权融资，优化融资结构，也有利于促进科技、产业和资本的高水平循环，完善现代化产业体系，推动发展新质生产力。

2024 年 4 月 12 日，国务院发布《国务院关于加强监管防范风险推动资本市场高质量发展的若干意见》，市场称之为第三个"国九条"，它是继 2004 年、2014 年两个"国九条"之后，又时隔 10 年，国务院再次出台的资本市场指导性文件，充分体现了党中央、国务院对资本市场的高度重视和殷切期望。

本章，我们从制度设计、公募基金、上市公司等角度，提出促进中国资本市场高质量发展的路径和建议。

第一节　防范公募基金 "抱团" 投资①

一、公募基金发行火爆

2020 年，中国新发行了 230 只股票型基金，发行份额 3613 亿份，同比增长 49%，发行了 687 只混合型基金，发行份额 16794 亿份，同比增长 481%。截至 2020 年底，中国累计发行股票型和混合型基金 4468 只，其资产净值达到 6.8 万亿元，占全部 A 股总市值的 8.5%。

---

① 本文为本书作者向相关政府部门提供的决策咨询专报，成文于 2021 年 2 月 9 日。

二、公募基金的"抱团"现象越发明显

目前，公募基金的持股非常集中。截至 2020 年底，公募基金持股最集中的 100 只股票（以下简称"抱团 100"），平均每只股票被 284 只基金买成前 10 大重仓股，公募基金在这 100 只"抱团股"上的持仓达到了 2.08 万亿元，占基金股票投资市值的比重，达到了 39.39%。相比之下，目前全市场总共有 4400 只股票，也就是说，公募基金把接近 40% 的钱，投在了市场上 2% 的股票上。

从个股来看，截至 2020 年底，全市场股票型和混合型公募基金共有 4468 只，而贵州茅台是其中 1665 只基金的前十大重仓股，五粮液被 1322 只基金买成前十大重仓股，中国平安被 1269 只基金买成前十大重仓股，美的集团被 1059 只基金买成前十大重仓股，宁德时代被 893 只基金买成前十大重仓股。

目前，监管层对公募基金的持仓是这样规定的：一只基金持有一家公司发行的证券，其市值不得超过基金资产净值的百分之十；同一基金管理人管理的全部基金持有一家公司发行的证券，不得超过该证券的百分之十。

持仓限制是为了防范市场操纵和风险过度集中，然而，一家基金公司可以发行多只基金，前十大重仓股几乎一模一样，左脚踩右脚，互相抬升，完美绕过监管规定。比如说，2019 年公募基金业绩排名前三的 3 只基金，是由同一位基金经理管理的，2020 年公募基金业绩排名前四的 4 只基金，也是由同一位基金经理管理的。这种情况本身就说明了，同一位基金经理管理的多只基金在持仓上的高度重叠性，而实际情况也确实如此。

三、抱团的危害

（一）抱团扭曲了市场定价机制，妨碍了股市的健康发展

从 2018 年底 2440 点的本轮低点以来，"抱团 100"的市盈率从 25.7 倍，上涨到 2020 年底的 73.8 倍，而同期上证 A 股的市盈率仅仅从 11 倍，上涨到 17.5 倍。

一边是抱团股的高估值，比如，200 倍市盈率的宁德时代、比亚迪和爱尔眼科，100 倍市盈率的迈瑞医疗、恒瑞医药和金龙鱼，65 倍市盈率的贵州茅台；另一边是估值越来越低、市盈率个位数的金融地产，还有大量业绩增速 20%，市盈率却不到 15 倍的中盘股。

2019—2020 年，"抱团 100"的平均涨幅是 278%，而截至 2020 年底，全市场 32% 的股票（1341 只）跌破 2018 年大盘 2440 点的低点，到 2021 年 2 月 4 日

收盘，45%的股票（1985只）跌破2018年底大盘2440点的低点。

（二）抱团必然导致大泡沫

目前，管理规模达到500亿元的基金经理多达32位，基金经理的个人决策可以直接决定市场某一板块的命运。天量资金涌向一小撮股票，其可能引发的市场风险，不容忽视。以目前管理规模最大的一位基金经理为例，这位基金经理管理的某只基金，其在2019年底的规模为84亿元，到2020年底，该基金的规模暴增到677亿元，也就是说，这一只基金，一年的时间资产规模膨胀了8倍。这些"巨无霸"基金涌向哪里，哪里就会起大波浪。

抱团导致大泡沫的原因在于，这些年来，监管层对壮大机构投资者的支持，使公募基金早已成为全市场最大的一股力量，它们的资金规模可以扫光很多股票的实际流通股，它们在市场上没有对手盘，它们涌向哪些股票，哪些股票就会出现大泡沫，这也就是抱团股一直涨的根源。

（三）抱团产生的虹吸效应导致整个市场的流动性缺失

2021年1月1日至2月8日，最集中的200只抱团股的成交额占全市场成交额的比重达到42.8%，其他股票越来越没有成交量，流动性被榨干。

四、公募基金的庞氏骗局游戏

公募基金抱团的原因有以下几点：第一，排名机制使基金经理不得不去模仿对手的投资组合，否则就有排名落后的风险。第二，随着基民不断申购基金和新基金的发行，基金经理拿着新进来的钱，继续买入他已经持仓的股票，推高自己管理的基金的业绩，从而吸引更多散户基民加入，如此循环往复，基金业绩越来越好，抱团股越涨越高。

可以说，基本上每个基金经理都会配置那些抱团股，否则就有排名落后和丢掉工作的风险，所以，不得不买，而买了之后，也很难卖，因为卖早了，也有排名落后和丢掉工作的风险。

所谓的明星基金，不过就是抱团和坐庄的把戏。以前述2019年业绩排名前三的基金和2020年业绩排名前四的基金为例，首先，我们发现，同一位基金经理管理的基金在持仓上具有高度重叠性；其次，随着基民不断申购基金和基金规模的不断增长，这两位基金经理并没有去寻找新的投资机会，而是去加仓了基金的原有持股，每只股票上增加的持股量与基金规模的增长基本上是同步的。这就证明了，基金经理的管理规模与基金业绩增长之间的正反馈效应，即抱团一定程度上决定着公募基金的相对收益率与业绩排名结果，早期抱团成功的基金排名靠前，基金规模不断扩大，而基金公司也常在此时发行爆款基金，募集来的资金继续投入抱团股,助推抱团股持续上涨。说白了,这就是一个新的"击鼓传花"的过程。

公募基金的这种玩法,本质上就是庞氏骗局。如果监管部门不加强对公募基金的管制,庞氏骗局愈演愈烈,最终必有爆雷的一天。到时候,受损的是广大基民的利益和监管部门的声誉。以海天味业为例,其市值为 6500 亿元,就算全国所有的 4 亿家庭都用海天酱油,每瓶 10 元,一年用 10 瓶,海天全年的收入也不过是 400 亿元,它的净利润大概也就是 100 亿元,65 倍的市盈率能长期维持吗?

五、规范公募基金抱团投资的路径及建议

(一)限制基金公司发行的基金数量

如果一个基金经理只管理一只基金,那么,当某只股票高估以后,他就不会去买入了,因为他的业绩只能通过这一只基金来体现,买入高估值的股票相当于自毁前程。但是,如果一个基金经理可以管理多只基金,那么,他只要有一只业绩良好的基金就够了,这样他就有动机去牺牲几只基金的业绩,来抬高某一只或几只基金的业绩。所以,限制基金的数量,一是可以迫使基金公司重视每一个基民的利益,二是可以避免基金经理抱团。

著名投资人李录不久前明确表示:他不会来中国发行基金,他二十几年来只有一只基金,在外面没有任何投资,自己的钱百分之百都在这只基金里。不成立其他基金是因为想公平地对待每一个投资人,保证所有投资人得出来的结果完全一样。

(二)限制单只基金的份额上限

通过基民的不断申购,基金规模的不断增长,基金经理不断买入原有持仓,从而实现业绩增长,业绩增长又进一步吸引基民申购的做法,本质上是一种庞氏骗局。限制单只基金的份额,可以打破这个骗局。

十几年前,业绩好的基金通常是不开放申购的,在份额不增加的情况下,实现的业绩增长,才是实实在在的业绩增长。

(三)政策要允许大股东清仓式减持

如果大股东能够清仓式减持,那么二级市场的投资者就有了终极对手盘,这样二级市场投资者就不敢乱来,你敢把泡沫吹大,大股东就可以把整个公司都卖给你,这就封杀了泡沫和股价波动的上限。

第二节　防范上市公司超额担保 "黑天鹅"[①]

近年来，中国 A 股上市公司的担保规模越来越大，其中蕴藏的风险也在积聚。

一、近年中国上市公司超额担保情况

数据显示，2018 年、2019 年和 2020 年，中国 A 股上市公司整体担保规模分别为 5.18 万亿元、1.87 万亿元和 6.77 万亿元；最新披露的 2021 年中报显示，中国 A 股上市公司整体担保规模达到 7.57 万亿元，涉及 2473 家上市公司，平均每家的担保规模为 30 亿元，均创下历史新高。分行业看，房地产、通信设备和物流的担保规模最大，占比分别为 22%、13.5% 和 3.6%。担保在经济繁华期，是个好东西，一纸承诺就可以挣钱。但是在经济下行期，往往是推动多米诺骨牌的那只手。

2019 年的担保规模相比 2018 年大幅回落，主要跟融资环境和政策有关。2018 年是"中美贸易摩擦"叠加"去杠杆"，民间融资非常难。2018 年底，中央政策作出若干调整：一是"运动式""一刀切"的去杠杆被纠正；二是宣示民营企业是自己人，民营企业融资大幅改善。这导致了 2019 年担保规模的大幅回落。

2020 年和 2021 年担保规模的再次上升，主要原因为：受新冠疫情影响，企业经营非常困难，再加上纯信用融资、抵（质）押融资等其他融资方式有所收紧，这就表现为企业寻求担保融资的需求持续上升。

担保规模短期可能还会继续变大。每到年底，上市公司担保就会大量涌现，因为年末许多上市公司相关方会需要资金周转。此外，中小企业往往受限于资质和信誉较差，加上融资渠道狭窄，经常遭遇融资难。如果有资质和信誉好的企业做担保，情况就不一样，这是上市公司对外担保的重要原因。

二、要谨防超额担保"黑天鹅"

分类来看，以 2021 年中报的数据为例，上市公司担保额中的 36% 是对其全资子公司的担保，24% 是对其控股子公司的担保，37% 是对其参股子公司的担保，除此之外的担保额占比为 3%。

第一，对全资子公司的担保，相当于自己担保自己，这部分担保风险相对可

[①]　本文为本书作者向相关政府部门提供的决策咨询专报，成文于 2021 年 11 月 29 日。

控。全资子公司的债务已经体现在上市公司的资产负债表里面了，而对其控股子公司的担保，也在很大程度上是自己担保自己，控股子公司的债务也已经体现在上市公司的合并报表里面了，如果再有剩余股权方的共同担保，相对风险不大。

第二，对参股子公司的担保，风险比较大。因为参股公司的债务不体现在上市公司的资产负债表里。

第三，上市公司对其各类子公司以外的公司的担保，风险更大。因为这些公司的债务完全没有体现在上市公司的资产负债表里，但这部分占比仅为3%。

第四，值得注意的是，单独看各个分类似乎风险都不大，但如果我们把各个分类连起来看，就可以发现上市公司之间、上市公司与母子公司之间、上市公司与关联企业之间，已经衍生出了一个庞杂的担保网络，一旦链条上的某家公司出现问题，就有可能引发"多米诺骨牌"效应。同时，上市公司又具有很强的外部性，他们连接了经济生态的上下游，所以它们一旦出现问题，所带来的风险和危害也非常大。

第五，上市公司的对外担保有的是暗箱操作，不体现在财务报表中，市场难以有效监督，使风险更加具有隐蔽性。

担保总额若超过了净资产，其实是一种潜在的"资不抵债"风险。据统计，目前，共有421家上市公司的担保额占其净资产的比例，超过了50%的警戒线，其中170家上市公司的担保额甚至超过了其净资产的100%，最大的一家公司的担保额超过了其净资产的212倍。这些上市公司担保风险的持续增长一方面是因为其净资产相对较小，另一方面也与纯信用融资、抵（质）押融资等其他融资方式收紧有关。上市公司作为担保人对担保债务负有连带清偿责任，对外提供担保实质上是隐性债务的一种形式。担保总额超过净资产，是一种潜在的资不抵债风险，若债务人完全不能清偿债务，则上市公司将面临资不抵债甚至破产的法律困境。从以往的案例来看，上市公司的违规担保、资金占用风险暴露后，大多将迅速陷入困境，债务违约、巨额亏损等接踵而至。

三、政策建议

为防范上市公司过度担保所隐含的风险，我们提出以下建议。

一是严厉打击违规担保。在上述170家担保超过净资产的上市公司中，有146家上市公司存在违规担保问题。违规担保，不仅可能"掏空"上市公司资产，还关系到中小投资者的合法权益，也关系到其他债权人利益，甚至关乎公司上下游交易伙伴的安危。

二是严禁上市公司之间相互担保。上市公司一般融资金额较大，普通公司无法为其提供担保。而上市公司之间相互担保，银行大多能接受，上市公司之间也能接受。这样的担保存在一种风险，即一旦担保圈中的一家上市公司出现问题，其余上市公司就如同多米诺骨牌一样接连倒下。

三是阻断担保圈，培育良性担保文化。历史资料显示，国内证券市场中，曾经出现的上海担保圈、福建担保圈、深圳担保圈、湖南担保圈及河北担保圈，这些担保圈容易诱发形成系统性风险。

第三节　上市国有企业应加强市值管理[①]

目前，资本市场对上市的国有企业给出了"破产式""侮辱式"的极低估值水平。以178家在香港上市的央企为例，其市盈率中位数仅为5.4倍，市净率中位数仅为0.52倍；在香港上市的中资银行股的平均市盈率不足4倍，市净率不足0.4倍，而汇丰、恒生和渣打的估值却在15倍市盈率左右，估值差距如此之大。

一、上市国企极低估值的危害

这种极低的估值水平，具有严重的危害性。

第一，极低的估值使这些企业几乎丧失了进行股权融资的能力，在这种估值水平下进行股权融资，是对原有股东利益的损害，也就是国有资产流失。

第二，极低的估值水平，严重影响了投资者和国际社会对中国经济发展的信心和预期。资本市场不是宏观经济的晴雨表，而是宏观经济的先行指标，提升上市国企的估值水平，有利于改善国际社会对中国经济发展的信心和预期。

第三，极低的估值水平，有可能遭受"门口的野蛮人"一样的外部资本入侵导致丧失国有控制权，甚至会影响企业的正常运营。

第四，极低的估值水平，妨碍国企改革。上市国企通过引入战略投资者、股权激励或员工持股，可以实现混合所有制改革，最大限度地激发国企活力，改善治理结构，但是，在目前的估值水平下，这些改革措施都意味着国有资产的流失，从而难以进行。

二、上市国企应加强市值管理

上市国企应加强市值管理，提升估值水平，恢复股权融资能力，这对中国经济发展意义重大。

———————————

① 本文为本书作者向相关政府部门提供的决策咨询专报，成文于2021年11月30日。

第一，资本市场和房地产，是实体经济的两大发动机。现在，中央已经反复强调不将房地产作为短期刺激经济的手段，那么，这也就意味着，资本市场将更多地肩负起实体经济发动机的角色。

第二，国资国企是中国经济发展的顶梁柱，以央企为例，目前中央企业控股境内上市公司290家，总市值超过15万亿元，约占境内A股市场总市值的20%，并且，中央企业超过60%的资产和净资产都在上市公司里面。所以，上市国企应该提前行动，通过合法手段加强市值管理，恢复股权融资能力，为后疫情时代的经济发展和各项改革任务提前做好准备。

三、上市国企加强市值管理的路径和建议

第一，建议中投、汇金、境外上市国企的大股东等，买入上市公司股份，狙击空头。首先、看准时机，及时出手。资本市场堪比金融战场，2020年4月的原油期货跌到负数，2021年10月原油期货又涨破80美元/桶，一年半的时间，恍如隔世，现在回想起来，我们是不是应该在原油期货跌到负数的时候，买入所有原油期货合约？其次，控股股东直接用自己的资金进行上市公司股份的增持，能够加强投资者的信心。历史上，宝钢、中国建筑等上市国企都曾经通过大股东增持方式进行价值管理，实践证明，效果是显著的。

第二，禁止社保、国资委、大股东等国资机构在目前估值水平下减持上市国企的股份，防止国有资产流失。首先，2021年4月8日，全国社会保障基金理事会以平均每股2.95港元的价格减持7760万股中国银行H股股票，中国银行H股的市盈率为4.1倍，市净率为0.36倍，每年分红率约为8%。以这种极低的估值水平减持股份，是国有资产的流失，应予以禁止。其次，在这方面，我们是有历史教训的：2004—2005年中国银行、建设银行和工商银行进行"股改"，当时，三大行以1元面值发行股份引入战略投资者，可是，社保基金等国资机构没有一家参与，最后只能全球发售，将股份卖给了高盛等外资机构。随后，在2007年的大牛市中，这些外资机构在三大行"股改"上赚到的钱，堪比《南京条约》。

第三，建议现金充裕的公司在二级市场回购股份，改善市场信心。首先，当估值严重低估时，上市公司可以回购公司股票，此时市场会解读为公司认为自身被低估并有信心将股价恢复到应有的价位，从而刺激股价和估值上扬。其次，回购可以增厚上市公司的每股收益，自然而然地可以促进估值的回升。

第四，建议剥离亏损业务、非核心业务，专注主业。首先，资本市场最忌讳主业不清晰的公司，而我们的国有企业通常不肯进行"瘦身"，比如，不良资产的处置、非核心业务的处置等。其次，资本市场最看重质量和效益，而非规模。

对国企来说，资产证券化率并非越高越好（目前，央企证券化率已经超过60%），一味追求将资产注入上市公司，并不一定是好事，相反，把低效的非核心资产注入上市公司，往往会损害公司的估值，这是因为在投资者看来，注入低效的非核心资产会损害公司整体的盈利能力。以兖州煤业为例，2020年10月5日，兖州煤业发布公告，拟以180亿元现金收购控股股东兖矿集团7项低效的非核心资产（化工、装备、供销等），当日，投资者用脚投票，兖州煤业H股下跌15%。所以，我们认为，国有企业应该大刀阔斧地剥离亏损和非核心业务，这一方面可以让企业"瘦身健体""轻装上阵"；另一方面这可以收回一定数量的现金，这些现金可以降低负债率或者继续投入主营业务，助力高质量发展。

第五，建议将市值管理指标纳入国企考核体系。首先，市场给予大多数国企的低估值与国企领导的考核机制有密切的联系，国企领导通常没有市值管理的动力和需求，大多数国企领导甚至不知道自己公司的股价。我们认为，打造真正的市场主体，需要有来自市场的检验，而市值是比较合理的观察指标之一。将该指标纳入考核体系，有利于借助市场力量推动国企加快改革，从而实现国资国企高质量发展。其次，随着资本市场的完善和发展，传统"规模最大化"和"利润最大化"经营目标的弊端日渐凸显，国有控股上市公司积极推进市值管理，有利于减少"规模最大化"和"利润最大化"标杆指导下经营管理中的短视行为，促进经营理念向市值（股东价值）最大化转变，进而实现可持续发展。

第六，建议国有上市公司组建具有专业人才的市值管理部门，实施与绩效奖金挂钩的市值考评机制，并尽可能推进股权激励或员工持股计划来保证主动性。市值管理是涉及战略发展、实体经营、资本运作的全面打造核心竞争力的长期过程，上市公司只有建立动态管理的常态机制，并配备专职的部门和专业人员才能落实这一环节众多、内容庞杂的工程。

第四节　股市轮番暴跌可能触发系统性金融风险[①]

最近2周，受西方国家制裁俄罗斯的影响，外资开始担忧中国的风险，由此引发了美国"中概股"、中国香港"中资股"和"A股"的轮番暴跌。最近9个交易日，上证指数下跌了440点，跌幅达到12.5%，流动性危机一触即发。

一、本轮"暴跌"的顺序和逻辑

本轮"中概股""中资股"和"A股"先后轮番暴跌的顺序和逻辑如下所

---

①　本文为本书作者向相关政府部门提供的决策咨询专报，成文于2022年6月27日。

述。2021 年中国对教培行业和互联网平台公司的整顿，导致外资担忧中国监管政策的不确定性，从而引发了在美国上市的部分"中概股"的持续性下跌，这一轮下跌几乎没有影响中国在香港上市的"中资股"和 A 股；2022 年 2 月 24 日，"俄乌冲突"爆发之后，俄罗斯股市当日下跌 40% 后连续闭市，随后，西方国家又宣布对俄罗斯进行制裁，俄罗斯在国外上市的公司的股价几乎是一夜归零，这一切都让外资深刻体会到了政治风险。由于中国跟俄罗斯的关系，国际投资者也开始担忧持有中国资产的风险，由此导致了最近 2 周，外资持续性地卖出与中国相关的资产："中概股""中资股"和"A 股"等。截至 3 月 15 日，在美国上市的 300 多只"中概股"的平均跌幅超过 65%，超过一半的"中概股"跌幅超过 90%，超过 10 万亿元市值蒸发，约相当于中国 GDP 的 10%。

二、股市"暴跌"蕴含两大风险

（一）A 股市场的暴跌，已濒临触发系统性金融风险

中央经济工作会议指出，资本市场在金融运行中具有牵一发而动全身的作用。据统计，目前，沪深交易所"两融"余额为 1.7 万亿元，上市公司股权质押规模还有 3.6 万亿元，涉及 2500 多家上市公司。据测算，证券公司在"两融"和股权质押的总规模超过 3 万亿元，银行系统在股权质押上的规模超过 2 万亿元。

据统计，截至 3 月 15 日，上证指数收于 3063 点，28.4% 的股权质押已经达到平仓线，另有 6.7% 的股权质押达到预警线。据测算，3000 点以下将大规模触发"两融"和"股权质押"平仓风险。若"A 股"的暴跌，引发"两融"和"股权质押"平仓风险，将首先引发股票市场的流动性危机，形成市场的惯性下跌，并进而拖累证券业和银行业，甚至会形成"多米诺骨牌效应"，引发系统性金融风险。

（二）中国经济发展战略可能受阻

风险投资是科技创新的牛鼻子，而退出渠道则是风险投资的命门。一直以来，纳斯达克、香港和 A 股是中国高新企业的三大直接融资渠道，同时也是风险投资的三大退出渠道。目前，"中概股"和"中资股"的持续暴跌，已经使科技企业、生物医药和新兴消费等行业出现了大规模的估值倒挂（二级市场上的估值反而低于一级市场）。这也就意味着，中国的科技企业、生物医药和新兴消费等行业的企业已经失去了在美国和中国香港等地进行直接融资的渠道，而投向这些企业的风险投资也同时失去了退出渠道，从而即将面临清盘危机。

科创企业绝大多数都是研发型企业，在其达到一定规模之前，一般都不能盈利，其生存基本上是靠持续的融资来续命。目前"中概股"和"恒生科技股"的

持续暴跌，意味着中国大量的科技企业将因为得不到后续的融资而面临生存危机。这不仅会增加失业率，更重要的是，这将影响中国的科技兴国战略。

三、"救市"的路径及建议

第一，稳住 A 股是当务之急。从美国"中概股"到中国香港"中资股"再到 A 股，这个下跌链条非常清晰，能够打断这个下跌链条的唯有 A 股，稳住 A 股，就稳住了港股，也会间接对稳住"中概股"有帮助。最可怕的就是不作为，等局面难以收拾再出手的代价就大多了，2015 年"股灾"的教训就摆在眼前。今天的资本市场对中国民众财富的影响、对经济发展的杠杆作用、对整个宏观经济的预期映射作用，已经今非昔比。新冠疫情已经让普通民众的生活举步维艰，A 股如果再发生流动性危机，大量中产的财富蒸发，振兴消费就仅剩下一句空话了。

第二，"国家队"应尽快动用"真金白银"入场，稳定市场，守住不发生系统性金融风险的底线。从市场表现看，处在历史最低估值水平的金融板块的连续暴跌，恰恰说明流动性越好的被卖的越多、越坚决，这种跌法，如果不尽快止住，很可能会诱发系统性金融风险。因为，除了 2 万亿元的外资在卖，后续还有 1.7 万亿元融资盘，3.4 万亿元的上市公司的质押盘，私募的清仓盘等，都会随着市场的继续下跌而面临平仓风险，并形成螺旋式下跌，进而形成多米诺骨牌效应。如果是在两周之前，有关部门出来喊话，也许就能稳住，但现在下跌趋势和恐慌已经形成，喊话已经没有用了，现在没有真金白银已无济于事。

第三，具体操作上，"国家队"入场时，应该去买小盘股，这样能够快速形成赚钱效应，激发人气，让更多的买盘加入进来形成对冲，化解做空力量，等到市场人气得到修复以后，再去拉大盘股，形成总攻，歼灭空头。2015 年"股灾"的时候，证金公司一味去拉银行等大盘股，结果就是大盘股的上涨进一步吸干了小盘股的流动性，造成了更多股票的继续下跌和恐慌。

第四，加强预期管理，及时回应市场关切。要走在市场曲线的前面，及时回应市场的普遍关切，不能拖，拖久了，市场关切落空了，落空了就不关切了，不关切就"哀莫大于心死"，后面的事就难办了。

第五，鼓励大股东增持上市公司股份、鼓励现金充裕的上市公司在二级市场回购股份，改善市场信心。首先，当估值严重低估时，上市公司回购公司股票，此时市场会解读为公司认为自身被低估并有信心将股价恢复到应有的价位，从而刺激股价和估值上扬。其次，回购可以增厚上市公司的每股收益，自然而然地可以促进估值的回升。最后，历史上，宝钢、中国建筑等上市公司都曾经通过股份回购和大股东增持等方式进行价值管理，实践证明，效果是显著的。

第六，争取出台相关支持政策，在新三板或其他板块进行试点，引导中概股回国发展。

第五节　谨防上市公司搞 "财务大洗澡"①

疫情叠加房地产市场不景气，这样的机会"千载难逢"，并且，新冠疫情已在中国快速过峰，房地产市场最差的时间也已经过去，当下这个即将披露 2022 年年报的时间点，是上市公司将历年来诸多问题一次性"洗白"的最好和最后的机会了。部分上市公司正在以此为名，搞"财务大洗澡"。监管层应擦亮眼睛，不能让这些公司的投机行为得逞。

一、多家上市公司预告业绩，引发"财务大洗澡"质疑

2023 年 1 月 31 日是 2022 年度业绩预告截止日，这几天一大批业绩"爆雷"上市公司浮出水面。三大航空公司去年合计亏损超千亿元，业绩预亏超过 10 亿元的上市公司有 100 多家，业绩预亏超过 5 亿元的有 200 多家，更有上市公司百亿元亏损伴随百亿元减值计提，引发市场"财务大洗澡"质疑。

所谓"财务大洗澡"，是一种财务舞弊行为，是指上市公司把该亏的不该亏的、该计提的和不该计提的，全部计入年度业绩，通过一次性巨额账面亏损，达到今后轻装上阵的目的。这样的报表不能反映上市公司业绩的真实情况，也损害投资者的合法权益，对市场带来负面影响。

比如，2023 年 1 月 31 日，某公司发布公告称，预计 2022 年度归属于上市公司股东的净利润约为 –15 亿元到 –10 亿元，比上年同比减少约 11 亿元到 6 亿元。该公司解释称，报告期内受新冠疫情、房地产市场下行等因素影响，预计对公司部分项目计提资产减值。

市场质疑该公司借新冠疫情和房地产市场不景气之名，搞"财务大洗澡"：因为该公司所处的房地产行业早在 2021 年下半年就出现深度调整，去年整体来说行业面临的限制是逐步放松的。为何 2021 年的净利润约 –3 亿元，2022 年该数据再度大幅攀升至 –10 亿元级别？并且，该公司 2022 年第三季度季报显示，公司营收 68 亿元，同比大增 44%，净利润为 –1.5 亿元，业绩呈现出增收减亏的好转迹象。那为何仅仅一个季度之后，业绩就从亏损 1 亿多元变成了预亏超过 10 亿元

---

① 本文为本书作者向相关政府部门提供的决策咨询专报，成文于 2023 年 2 月 9 日。

呢？即便主因是资产减值计提，短短 3 个月内如此显著的变化正常吗？理论上讲，这样的巨额亏损不符合常理。

以史为鉴，2008 年国际金融危机的时候，上市公司也是大面积业绩"爆雷"，几乎所有的公司都把业绩下滑的原因归结为金融危机。事后证明，很多公司其实是在借金融危机之名，搞"财务大洗澡"。

二、上市公司搞"财务大洗澡"的原因和动机

第一，新冠疫情和房地产市场低迷，是大家都认可的现实，那么个别公司就有机会把很多年前的财务造假、资金亏空、收不回来的应收款等诸多老毛病，全部以此之名"洗白"。"财务大洗澡"之后，公司的历史黑锅全部让新冠疫情和房地产市场不景气背了，大股东违规占款不用还了，造假的账目也不存在了，收不回来的货款也不用继续收了。

第二，当出现重大系统性风险的时候，例如，国际金融危机、新冠疫情，此时公司管理层往往把经营不善"甩锅"给外部原因，从而避免投资者和股东的"吐槽"。

第三，通过"财务大洗澡"，解决历史黑锅问题，今后可以达到轻装上阵的目的，在未来取得相对较好的经营业绩。

三、政策建议

第一，监管部门应高度警惕部分上市公司借去年疫情和房地产市场不景气之名，搞"财务大洗澡"的行为。因为资产减值项目涵盖的范围广，几乎所有的非货币资产（如固定资产、无形资产、长期股权投资、商誉等）都涵盖其中，监管层应该对财报中涉及资产减值的部分密切关注，对有疑点的业绩预报要及时出手，督促上市公司做好信息披露工作。

第二，对于业绩预告异常的公司，监管层应要求上市公司按资产类别详细披露在建工程、存货等资产减值明细、减值确认依据、计算过程等，说明相关会计处理是否符合《企业会计准则》的规定，说明是否存在 2022 年度集中大额计提资产减值准备的情形，以前年度减值准备计提是否充分合理等信息。

第三，强化会计准则的刚性和确定性。目前会计准则为企业资产减值赋予了相当大的自主权，这是形成一次性大额计提的重要原因。比如，目前的商誉采用减值测试方法，由于其中主观判断空间过大，不少时候甚至连监管部门也很难出手干预，同时，对其他资产减值，也要减少企业操作的随意性和主观性，增强其确定性和刚性。建议在事前适度引入交易所、第三方会计师等外部约束机制，不

应任由企业随意一次性大额计提。

第四，设立一次性"巨亏"的退市红线。比如，可规定，若上市公司单个年度亏损幅度达到其上一期净资产的50%，即必须强制退市，这样至少在部分程度上，能够遏制上市公司一次性"财务大洗澡"的冲动。

第五，监管层应敦促审计机构严格把关，如果审计机构能够严格把关，"财务大洗澡"的行为在很大概率上是可以避免的，因为把多年旧账都放在2022年一个年度，一次性洗白，通常有迹可循。

第六，强化监管执法，对那些有充分证据证明在财报、资产减值上"做手脚"的上市公司重拳出击，加大处罚力度，以儆效尤。

第六节 当前股市怎么看、怎么办[①]

当前，中国股市不具备自我稳定的条件，当务之急是由国家出手扭转股市持续下跌的局面，避免拖累科技兴国战略和金融稳定。

一、对当前股市的看法

（一）近期股市下跌的具体原因

首先，2023年5月以后，投资者期待的疫后经济强劲复苏和政府出台重磅的刺激经济措施，变成了泡影。

其次，中国公布的6—8月的一系列经济数据，低于市场预期，显示疫后经济修复动能不足，市场担忧中国将陷入通缩。此外，中国首次不公布青年失业率，加剧市场的恐慌。

与此同时，继恒大爆雷之后，碧桂园出现债务危机，并波及了信托公司。中融信托未能向投资者支付多个产品的利息与本金，市场担心风险向规模达22万亿元的影子银行业蔓延。

（二）股市暂时不具备自我稳定的条件

首先，外资的持续卖出。2023年8月，外资累计净卖出896亿元，单月净卖出额创历史新高。截至2023年6月，外资持有的中国债券和股票已比2021年12月的峰值下滑17%，减少1.37万亿元。即使在8月底"四箭齐发"救市后，外资也没有停止卖出的迹象，似乎是铁了心要清仓。与此同时，历来追涨杀跌的国内投资者的净卖出至少是外资的4~5倍。目前，外资持有A股市值约为2万亿

[①] 本文为本书作者向相关政府部门提供的决策咨询专报，成文于2023年9月26日。

元，按照每月 800 亿元的净卖出计算，大约还需要 2 年才能卖完，如果国家不出手，股市很难自我稳定。

其次，判断股市大势的三个要素是估值、流动性和基本面，满足 2 个就能稳定，满足 3 个就会出现牛市。现在的情况如下：第一，从估值上看，市盈率和市净率均处于历史底部区域，现在的估值比过去十年的最低值高 15% 左右。第二，从基本面上看，失业率、消费、投资等经济数据不及预期，尤其是 PPI 和工业企业利润持续下滑，凸显了企业经营状况不断恶化的态势。第三，从流动性上看，全球加息周期，美国罕见的高利率，这种背景下，中国虽然处在降息周期中，但流动性大幅改善的政策空间有限。在目前这种情况下，除非出现强力的外力干预或强劲的基本面事实，否则，股市很难自我稳定。

（三）股市持续低迷所蕴含的风险

首先，"创新驱动发展，建设科技强国"的国家战略，将会受到严重影响。党的十八大以来，党中央把科技创新摆在国家发展全局的核心位置。科技创新离不开资本的支持，资本市场在推动科技、资本和实体经济高水平循环方面具有枢纽作用。

其次，可能触发"两融"和"股权质押"风险。据统计，目前，沪深交易所"两融"余额为 1.6 万亿元，上市公司股权质押规模还有 2.9 万亿元，涉及 2400 多家上市公司。据测算，2800 点左右将大规模触发"两融"和"股权质押"平仓风险，这将引发市场的流动性危机和上市公司大股东的异位，影响经济和金融稳定。

二、"活跃资本市场，提振投资者信心"的路径和建议

第一，"活跃资本市场，提振投资者信心"最直接、最有效的手段，就是国家（人民银行、汇金、中证金、平准基金）把外资砸出来的优质资产（部分绩优蓝筹股）接下来，再反向逼空。首先，A 股目前已经有 210 家公司的股息率超过 5%，这 210 家公司的合计市值近 15 万亿元，有 570 家公司的股息率超过 3%，这 570 家公司的合计市值约 25 万亿元。它们的股价处于过去几年的最低，买入这些公司，未来亏损的风险极小。其次，国家只要出 5000 亿元左右，就能稳定股市。因为，目前沪深总市值为 80 万亿元，股息率超过 3% 的 570 家公司的总市值为 25 万亿元，占比近三分之一，这些高息股稳定了，整个市场基本就稳定了。而且，外资持股市值总共也只有 2 万亿元，只要国家接下 1000 万股，市场上的"聪明钱"就会自动把剩下的股票买了，低估值是肉眼可见的，市场上有的是"聪明钱"。最后，国家出手做样板，国内投资者自然就有了信心，在"赚钱效应"的

驱使下，后知后觉的投资者也会加入进来，市场就真正企稳了。

第二，具体操作上，一是要充分利用"磁吸原理"，市场在重要的高低点位置都会在某个瞬间被磁吸产生神奇的加速，如果想要在 2022 年 10 月的低点 2900 点附近见底，最好在此点之上出利空，利用"磁吸原理"将空头吸来一举歼灭；二是"国家队"入场时，首先要去买小盘股，这样有利于快速形成赚钱效应，激发人气，让更多的买盘加入进来，化解做空力量，等到市场人气得到修复以后，再去拉大盘股，形成总攻，歼灭空头。2015 年"股灾"的时候，证金公司一味去拉银行等大盘股，结果就是大盘股的上涨进一步吸干了小盘股的流动性，造成了更多股票的继续下跌和恐慌。

第三，降低存量和新开两融合约利率为不高于 LPR 利率 + 100 个基点。目前，1 年期 LPR 利率为 3.45%，而两融利率普遍在 6% 以上，两融均有较高的维持担保比例和平仓线要求，风险并不大，利率却明显高于无风险利率，这不合理。另外，存量合约的利率也要降低，如果只降新开合约，那么投资者就需要卖出股票，了结旧合约，但股票已经下跌了这么多，由于保证金的关系，卖出以后，投资者就买不回同样数量的股票了，这反而加大了市场的下行压力。

第四，修订"退市规则"、建立"上市和退市的挂钩机制"，使年度退市数量占上市数量的比例高于 70%，优胜劣汰，提高上市公司质量。目前，中国上市公司数量已有 5280 家，而美国股市的上市公司数量才 5756 家。中国股市供求严重失衡，每年退市数量只占上市数量的 10% 左右，股市想要维持正常的融资功能，必须加大退市力度，才能修复已经恶化的供求关系，重拾投资者信心。

第五，禁止上市公司左手大比例分红，右手向市场融资圈钱，建议规定上一年度发放过现金红利的公司，当年不得进行再融资。表面上看，中国股市每年的分红金额与融资额相差不大，但是，分红主要是进入了大股东的口袋，这些钱基本上不会回流到二级市场，而融资却是实实在在的需要二级市场埋单，这就使市场成为了一个"减量"市场，市场的重心不断下移。左手分红，右手融资，本质上是一种庞氏骗局。如果非要再融资，应该规定实控人及一致行动人、董监高以及 5% 以上股东，按比例参与认购。

第七节　印度股市三年翻两倍对中国的启示[①]

印度股市已经连续上涨了 8 年，自 2020 年 3 月低点以来，总市值增长了约两

[①] 本文为本书作者向相关政府部门提供的决策咨询专报，成文于 2023 年 12 月 8 日。

倍，目前市值突破 4 万亿美元，仅次于美国、中国和日本。印度股市长牛背后的原因，值得中国研究和借鉴。

一、强劲的基本面，是印度股市长牛的根本原因

（一）较高的经济增速，带动企业盈利扩张，是印度股市长牛的核心原因

近几年，印度 GDP 增长一直处于世界前茅，2021 年和 2022 年，GDP 增速分别为 9% 和 7%，2023 年前三季度，GDP 同比增长 7.1%，增速位居十大经济体第一。经济学家们预测，2024 年印度 GDP 将达到 4 万亿美元，2026 年有望超过德国和日本，跃居全球第三。

（二）各路资金持续流入股市，是印度股市长牛的直接原因

2022 年，海外投资者对印度股市的净买入金额达到了创纪录的 170 亿美元，2023 年前 11 个月的净买入金额也超过 150 亿美元。除了海外投资者，印度国内资金也向印度股市投入了 200 多亿美元。另外，2020 年以来，为应对新冠疫情，印度央行推出了 1 万亿卢比的 QE（量化宽松），把利率降至 2002 年有数据以来最低，低利率使许多资金转向股票市场，为股市带来了大量资金。

（三）连涨 8 年的印度股市，没有泡沫，是健康的牛市

孟买 SENSEX – 30 指数占整个印度股市总市值的 40%，是观察印度股市的标志性指数。该指数过去 8 年的平均市盈率（PE）为 24.4 倍，最低市盈率出现在 2020 年 4 月的 16.9 倍，目前仅为 22.6 倍。也就是说，印度股市主要受基本面和公司盈利驱动，估值没有显著上升，很健康。

二、良好的制度建设，是印度股市健康发展的保障

（一）严格的退市制度

印度股市在实行注册制的同时，对退市制度的执行也十分严格，财务造假、信息披露违规和劣质公司都会被强制退市。数据显示，在过去 8 年，印度股市平均每年退市 235 家，年均退市家数约占年均上市家数的 50%。并且，当一家公司被强制退市后，该公司的董事、发起人及他们所发起成立的所有公司，在 10 年内都不得以直接或间接方式进入证券市场或申请重新上市。

（二）保留优质上市资源

与中国大量优秀企业在海外上市不同的是，印度优秀公司全部都在国内上市。印度监管机构要求国内企业在海外发行存托凭证之前，必须先在国内主要交

易所上市交易。对于较大的海外上市项目，必须将其15%的股份在国内市场向国内投资者发售，从而有效保留了优质的上市资源。

（三）大力发展衍生品等风险管理工具

衍生品交易极大地活跃了印度的证券市场，截至2022年，印度国家证券交易所（NSE）的期货和期权合计交易量已连续4年位居世界第一。

（四）交易机制的根本改革

通盘设计交易机制。印度自2001年起实行T＋0，作为配套机制，印度同时健全了大宗交易、波动调节和做市商制度，并对早期推行的卖空和融券机制进行了优化。印度没有割裂交易机制的系统性，没有将T＋0、大宗交易、波动调节、融券、做市商等机制作为个别可拆卸的模块，而是将交易机制作为一个系统通盘设计和考虑。做空机制是稳定股市的法宝。印度与中国很大的差异在于印度的做空交易发展较快。做空机制为投资者提供风险对冲的工具，也是抑制过度投机的有效砝码。做空机制的存在也是海外投资者敢于大举进入印度市场的重要保障。

（五）有效的投资者保护

对机构和散户实行差别化的交易制度，从制度上防止散户被"割韭菜"。印度对散户实行T＋0交易制度，而对机构则执行T＋3。散户可以充分利用T＋0交易的便利，快速买卖股票，抓住市场机遇。然而，机构却必须等待T＋3交易的结算，这使它们的交易策略更加谨慎和稳健。印度有完善的集体诉讼制度和投资者保护基金。上市公司的虚假经营与财务造假、恶意操控股价等违法行为都会受到法律的严惩，同时投资者可以获得相应赔偿。印度还有一个专门的举报网站SCORES，它每年受理和解决的举报案件多达3万件。

三、印度股市对中国的启示及政策建议

（一）完善退市规则，加大退市力度

中国注册制的根本问题是，退市数量相对太少，每年退市数量仅有40家，只占上市数量的10%左右，股市长期处于供求失衡状态。建议加大退市力度，使每年退市的数量，达到当年上市数量的50%以上。目前，中国上市公司数量已有5280家，而美国股市的上市公司数量才5756家。

退市数量少，是因为中国的退市标准过于宽松。以财务造假为例，中国的规则是，公司披露的财务指标需要连续两年均存在虚假记载，且虚假记载的金额合计达到5亿元以上，并超过该两年这个指标合计金额的50%，才会被退市。这个标准太松了，以过去三年退市的100家公司为例，有15家公司被证监会认定为财

务造假，但却只有 4 家是因为达到财务造假退市标准而退市的。我们建议将财务造假退市的标准修订为：任何一年虚假记载的金额合计达到 1 亿元，且超过该年披露的同一指标金额的 20%。

（二）优化转融通，稳定股市

股市是一个生态，需要系统性调节。稳定股市，根本上还是要靠增量资金进场，有增量，做空力量自然瓦解。在目前缺乏增量资金的情况下，那就从筹码上下功夫改善股市供求状态。建议暂停转融通，或者把转融通重新设置一个比例，迫使大股东收回一部分转融通，这才是逆转目前资金供求不断恶化的根本。

（三）对散户实现 T+1，对机构实行 T+3

中国 A 股中散户受制于 T+1，而机构则拥有更多的灵活性，这在一定程度上损害了散户的权益。印度通过 T+0 交易制度的实行，使投资者更有信心参与市场，增强了市场的活力。建议参考印度的做法，对散户实现 T+1，对机构实行 T+3，更好保护中小投资者的利益。

（四）充实投保基金公司，用于对投资者进行赔偿

建议参考国外的做法，将收缴的证券违法所得和证券违法行政罚款，注入和充实投保基金公司，用于向因上市公司和券商违规而受损的投资者提供赔偿，将投保基金先行赔付制度常态化、制度化。

（五）通盘考虑和设计股市规则

比如，2023 年 10 月出台了限制融券的规则，以为能削弱一些做空力量，但是，没想到机构的行为却是卖出融资，来补充融券的保证金，不仅没能成功限制做空，反而造成了进一步的砸盘。

（六）严格控制再融资

上市公司再融资是股市失血的真正大杀器，它比 IPO 还厉害。应严格禁止先大笔分红，紧接着又向二级市场融资。分红主要是进入了大股东的口袋，而融资却是实实在在的需要二级市场埋单。

第八节　科创板深化改革的建议[①]

2024 年是科创板开市五周年，过去五年，科创板制度性探索始终走在市场前沿。当前，面对新形势新任务，科创板理应继续引领 A 股制度创新，助力金融强

[①] 本文为本书作者向相关政府部门提供的决策咨询专报，成文于 2024 年 1 月 23 日。

国建设。

一、科创板的突出问题

一方面，科创板的一系列制度创新已经复制到创业板和主板，科创板已无明显的制度优势；另一方面，科创板指数暴跌，已影响科技企业的发展壮大和科技兴国战略。

（一）科创指数的持续下跌，已影响实体科技产业发展

科创企业大多是研发型企业，在达到一定规模之前，一般都不盈利，其生存和发展主要是靠持续的融资。截至2024年1月20日，科创50指数仅剩760点，自该指数发布以来已下跌50%，距四年前的基期已下跌25%。目前，中国的科技企业出现了大规模的"估值倒挂"（二级市场上的估值反而低于一级市场）。这就意味着，中国的科技企业已经失去了在股市融资的能力，很多科技企业将因为得不到后续的融资而面临生存危机，而投向这些企业的风险投资也同时失去了退出渠道，从而面临清盘危机。这不仅会增加失业率，更重要的是，这将影响中国的科技兴国战略。

（二）科创属性的评价标准比较模糊，急需优化

科创属性的评价标准是企业反映较多的一个问题，主要的问题包括：一是科创属性的判断标准比较高。比如，要求研发人员占全部职工人数的10%，且创始人一般不认定为研发人员。而实际上，很多科技企业创始人本身就是技术大咖。类似这些问题不解决，将会影响上市预期。二是一些新兴行业目前还没有建立行业协会或评价体系，如何认定是否先进，还缺少明确的标准，比如，这些行业的市场占有率、排名等数据一般难以获得，这成为企业申报IPO的一大障碍。三是用财务指标评价科创属性，略显僵化。科创板上市委员不少是从会计师事务所、律师事务所、证券公司中推荐，是用财务的标准，去衡量科创属性，不少企业反映，学"财务"的人来评价"技术"，专业不足、经验缺乏。四是在实际操作层面，部分企业在IPO的申请过程中，被要求到相关国家部门去开具证明、去背书，有的民营高科技企业虽然技术含量很高，但是找不到政府为其正名，对此事一筹莫展。

（三）知识产权诉讼较多

知识产权诉讼是企业反映较多的一个问题。相当一部分企业在上市过程中遇到恶意诉讼，恶意诉讼者往往找一个空壳公司，专门针对上市公司进行知识产权起诉，科创公司为此不得不分出人力和精力来应对这类诉讼。一告就立案，一立

案 IPO 流程就中止，企业不得不撤回材料。企业受到恶意诉讼后，上交所没有相关救济机制，企业只能重新排队，耽误了申报时间只能自认倒霉。

（四）流动性匮乏，市场不活跃

科创板已开市四年多，大小非有减持的需要，而看好的投资者也有买入的意愿，双方对流动性的需求都很强烈。但是，目前科创板全部投资者约为 600 万人，真正做交易的只有 200 万人，投资者匮乏，交投清淡，流动性不足，市场不活跃。

（五）再融资资金投入研发费用，存在不合理的限制

目前，实践中对于再融资资金投入研发费用存在一定的比例限制：非资本性支出不得超过 30%，对于具有轻资产、高研发投入特点的企业，非资本性支出超过 30% 的，也要充分论证其必要性和合理性。这种硬性要求，不利于上市公司加大研发投入和坚守科创属性。

二、科创板深化改革的政策建议

（一）进一步明确和细化科创属性的评价标准

证监会发布的科创属性评价指引，仅有几百个字，不足以成为确认科创属性的实操手册。针对前述问题，我们建议：一是证监会和上交所应出台更加详细的科创属性认定标准，同时根据行业特性进一步细化标准；二是将公司创始人列为研发人员；三是在上市委员中引入更多的技术专家，技术专家的比例应高于 30%。

（二）建立知识产权恶意诉讼的救济机制，加大知识产权服务力度

针对前述恶意诉讼的问题，我们建议：一是在上交所设立针对恶意知识产权诉讼受害者的救济机制，如果企业是无辜的，无须重新开始排队。二是政府相关部门也要依法履职，严厉查处通过讹诈 IPO 企业来盈利的黑色产业链，并出台相关政策规范媒体报道。另外，证监会和上交所还应鼓励科创板上市企业，以高价值知识产权组合为基础，构建底层知识产权资产，在能产生稳定现金流的前提下，探索知识产权证券化模式。

（三）深化科创板交易机制改革，增加市场流动性

针对科创板流动性匮乏，市场交投不活跃的问题，我们建议：一是降低投资者门槛，将科创板的准入门槛对标创业板，由"50 万元"降低为"10 万元"，原因是科创板和创业板的新上市企业，已没有太大的区别。二是对真正采取长期策略的机构投资者建立公开备案名单，使其在发行询价、定价、配售过程中发挥更大作用、获得更多机会，从而吸引更多长期资金投资科创板。三是试点推出发起式大单撮合交易、中点价大单撮合交易和冰山订单，增加大单交易便利性。四是推出科创板 ETF 期权产品，满足投资者风险管理需求。

（四）在科创板试点差别化的交易制度，更好地保护中小投资者的利益

国外的实践证明，在散户和机构之间，实行差别化的交易制度，能够使散户投资者更有信心参与市场，在制度上防止散户被"割韭菜"。为此，我们建议，参考印度市场的做法，在科创板试点差别化的交易制度：对散户实行 T + 0，机构（含量化）实行 T + 1 不变；或者，对散户实行 T + 1 不变，机构（含量化）则实行 T + 3。

（五）完善退市规则，加大退市力度

中国注册制的根本问题在于，上市数量远大于退市数量，以至于市场长期供过于求，且上市公司质量普遍较低。为改善二级市场供求关系，提高上市公司质量，我们建议，一是在科创板试点更严格的退市规则，使每年退市的数量，达到当年上市数量的 50% 以上，以改善供求关系；二是将财务造假的退市标准修订为：任何一年虚假记载的金额合计达到 1 亿元，且超过该年披露的同一指标金额的 20%；三是将交易类强制退市标准中的交易日包含股票停牌日，防止企业停牌自救。

（六）完善相关规则

将"非资本性支出不超过 30%"的要求，修订为"不超过 50%"，推动将募集资金更多用于研发投入。

第九节　完善上市公司分红
激励约束机制的国际经验及建议①

近年来，在监管政策的引导下，我国境内上市公司分红情况明显改善，近五年，我国上市公司累计分红 8.4 万亿元，分红金额超过了当期融资额。2023 年，我国境内上市公司的股利支付率（现金分红/净利润）近 37%，较 2022 年同比增长 3 个百分点，超过了全球 50 个主要市场 35% 的平均水平，比美国高 6 个百分点，比日本高 5 个百分点。

但是，我国上市公司的股利支付率仍大幅低于英国（42%）、法国（47%）和澳大利亚（57%）等发达市场。同时，我国上市公司的分红，结构极为集中，

---

① 本文为本书作者向相关政府部门提供的决策咨询专报，成文于 2024 年 8 月 18 日。

分红总额排名居前的30家央国企的分红约占全部上市公司分红总金额的一半，并且，这30家公司的分红中的一多半通过国有股东上缴国库而流出了股票市场，这就导致了市场的分红金额不能覆盖融资金额。相比之下，美国等市场的上市公司股东整体上以民企和公众投资者为主，大量的分红会回流市场。

一、上市公司分红激励约束机制的国际经验

从全球来看，上市公司分红已经有300多年的历史，研究上市公司分红的国际经验，对我国完善相关制度具有重要意义。

强制性分红政策，历史上曾被广泛采用，至今仍有许多国家在沿用。许多发展中国家和转型经济国家，比如，19世纪的美国，2003年前的韩国，现在的巴西、智利和希腊、芬兰、哥伦比亚、土耳其等国，由于资本市场不成熟，无法通过公司自治的途径达到上市公司主动发放分红的目标，因而采取了强制性的分红政策。分红比例下限的规定，各国之间差异较大，一般为当期净利润额的25%～50%。

"未分配利润税"是促进和引导分红的有效手段。比如，美国现存的《国内收入法》规定：上市公司在没有合理理由的情况下，累积的未分配利润超过25万美元的将被征收重税，税率是15%；再比如，2007年中国台湾地区通过税法修正案，规定对上市公司的"未分配利润"加征10%的营利事业所得税。

多元化投资者结构与公司分红的激励约束互动。以美国和印度为例，长期存在的个人累计税制度、对养老基金等股息税豁免制度、对未分配利润的征税制度及完善的司法救济，促进了养老基金等长期机构投资者的生存与发展壮大。这些投资者投资于那些分红水平高的上市公司，而这些公司的长期稳定分红也促进了长期机构投资者的发展壮大，反过来进一步促进了上市公司分红制度的完善。

日本经验。为改变日本上市公司"净资产收益率"与"市净率"过低的现象，2023年1月，东京证券交易所要求上市公司管理层关注资本成本和股票价格，要求"破净"的上市公司通过现金分红和股票回购提高企业价值。受此政策推动，大量日本公司增加了对股东的分红，在目前已公布财报的日本公司中，53%的公司已宣布计划提高分红。除了分红，宣布回购股票的数量也创下历史新高。

近十几年来，美国、西欧、拉美、日本和其他亚洲市场，越来越倾向于以股票回购回报投资者，现金分红呈下降趋势，股票回购已经成为上市公司回报股东的重要方式。现金分红需要交个人所得税，因此，很多上市公司更愿意选择回购股票，由此提升股价，以股价上涨代替现金分红来回报股东。在美国，近年来回

购金额已经超过现金分红额，成为回报股东的最主要方式。加拿大、日本、英国等国家的股票回购金额也已超过现金分红金额的60%。

限制股票股利（即"送红股"）在总分红中的比例，抑制"高送转"游戏。比如，纽交所现在的规定是，股票股利不得超过总分红金额的25%，韩国是不能超过50%，中国台湾地区是不得超过10%。

二、完善我国上市公司分红激励约束机制的建议

健全投资和融资相协调的资本市场功能，必须把分红、回购、税收、大股东减持、再融资等其他制度建设放在一起通盘考虑。

第一，由证监会发文明确，将"股份回购并注销"视同现金分红，鼓励上市公司"回购并注销"股份。一是目前我国上市公司年度回购金额不足1000亿元，且只有10%的股份回购是"回购并注销"，而"回购不注销"是相当于上市公司炒自家股票，不提升股东回报。只有"回购并注销"才是对所有股东的投资回报，才与现金分红一样。二是回购股份表明管理层关心提升股东财富，而不是忽视股东只顾拓展企业的版图。三是在目前上市公司估值普遍很有吸引力的状态下，"回购并注销"对股东的价值增厚显著大于同等金额的分红。

第二，建立强制性分红政策，将股利支付（回购注销＋现金分红）的下限设为30%，进一步提高股东回报水平。一是综合考虑现金分红和回购，2023年我国上市公司平均股利支付率（回购和现金分红/净利润）达到37%，刷新历史新高，但仍大幅低于全球50个主要市场53%的平均水平，更是低于西方成熟市场60%~80%的水平。二是过去5年，我国仍有700多家上市公司"一毛不拔"。三是我国资本市场还不成熟，上市公司普遍存在"一股独大"现象，还不具备通过公司自治的途径达到上市公司主动提高股东回报的目标。四是参照国际经验，30%的股利支付下限是一个比较低的比例。

第三，对未分配利润和账面货币资金过多的上市公司，由证监会发出监管函，督促将过多的未分配利润和货币资金发放给股东。一是目前我国有800多家上市公司账面货币资金超过30亿元，600多家未分配利润超过50亿元。二是囤积现金和未分配利润会造成股东价值的损毁，公司每延迟一年向股东支付回报，就意味着股东会损失大约相当于贴现率水平的收益。三是把利润分掉的好处是给管理层压力，必须精打细算，避免低效投资，这样的企业向上、有朝气、有正能量，反而可以用小钱办大事。

第四，优化分红与再融资和大股东减持之间的挂钩机制，建立再融资金额和大股东减持金额与分红金额之间的挂钩关系。比如，可以规定，上市公司在满足

减持和融资条件的基础上，融资额和减持额不得超过过去 5 年对除大股东之外的公众投资者的分红总额。

第五，引导大股东将一部分现金分红回流二级市场，助力市场投融资协调发展。由于央国企是我国上市公司分红的主力，所以，这些分红中的大部分通过国有股东上缴国库而流出了股票市场，这就导致了投融资的失衡。由于大股东收到的现金分红要交 25% 的企业所得税，建议由财政部出台政策，对现金分红回流二级市场的部分可以抵扣同等金额的红利税。

第六，限制融资次数，严防"庞氏分红"。一些上市公司经常左手分红右手融资，分红的钱大部分进入大股东腰包，同时又在二级市场向中小股东融资，经常这么干的话本质上就是一种庞氏骗局，所以，必须限制融资次数，可以规定上市公司两次融资之间的时间间隔，不得少于 5 年或 8 年。

第七，普遍推广中期分红政策，鼓励一些优秀企业率先按季分红，发挥示范与引导作用。按季分红，市场预期明确先知，投资者不需要赌年报、炒行情，可以从容持有高分红的股票，有利于长期投资和价值投资。

第十节　推动保险资金作为耐心资本面临的障碍及建议[①]

从全球实践看，资本市场发展与耐心资本相辅相成，推动保险资金作为耐心资本，一方面是要破除制度障碍和现实困难；另一方面是要完善我国资本市场建设。

一、推动保险资金作为耐心资本的主要障碍

第一，保险资金运用面临较高的偿付能力约束。2022 年 1 月实施的偿付能力新规，保单盈余分档计入调整、风险全面穿透计量、权益风险因子不同程度提升，使保险机构对资本占用的考量显著提升，整个行业偿付能力指标大幅下降。数据显示，2021 年底到 2024 年 6 月底，保险业平均综合偿付能力充足率由232.1% 降低到 195.5%。与此同时，因偿付能力指标与权益投资比例呈正向关系，导致保险公司权益投资比例上限均有不同程度降档。虽然国家金融监管总局于 2023 年 9 月优化了保险公司偿付能力监管标准，降低了投资沪深 300 指数成分股、科创板股票、公募 REITs 的风险因子，但因需统筹考虑偿付能力指标、财务指标稳定性、负债端刚性成本要求等因素，保险公司投资权益类资产的意愿仍然

[①]　本文为本书作者向相关政府部门提供的决策咨询专报，成文于 2024 年 9 月 7 日。

有限。

第二，新会计准则加大了利润波动，客观上导致了保险资金运用的短期化和投机化，与耐心资本的初衷背道而驰。自 2023 年开始，上市保险公司开始实施新的会计准则，在新准则下，被划分进"交易性金融资产"的较多，导致以公允价值计量其变动并计入当期损益方式的资产大幅增加，这些资产成为保险公司利润大幅波动的源头，也是保险资金难以长期持股的重要原因。因为，当市场下跌的时候，对股票资产的减值计提会顷刻吞噬掉保险公司的所有利润，由此导致保险资金运用的短期化和投机化。

第三，考核周期相对较短，按长期考核（3～5 年维度）的比例较低，使保险资金无法充分发挥出耐心资本的优势。首先，当前我国保险资金的考核机制仍普遍以 1 年期为主，数据显示，2022 年我国保险资管行业按单一年度考核的机构占比为 66%，大多数机构对当年的投资收益率高度关注。其次，2023 年国有保险机构开始实行的经营效率类指标中的"净资产收益率"指标按照"三年周期＋当年度"相结合的考核方式，政策目标并没有达到：一是净资产收益率在整个绩效考核中所占的权重仅为 8%，影响力度有限。二是受直接影响的仅 5 家国有机构，资金运用余额占全行业比例仅为 36%，影响范围有限。三是保险公司内部考核存在一定惯性，投资人员仍普遍以短期投资业绩为首要目标，这一情况在短期内难有转变，在权益市场波动较大、短期趋势不明朗的情况下，保险资金大幅增加投资的意愿并不高。

第四，持股比例存在限制，无法形成长期持股预期。目前，我国监管政策要求，保险资金持有单只股票的数量，不得超过该上市公司总股本的 10%，这使保险资金无法对上市公司的日常运营具备较大的决策权和影响力，导致保险资金参与公司治理的积极性不高，削弱了长期战略持股的意愿。从国外来看，美国等国家给予了保险资金更大的股东权利，允许其采取积极股东主义的策略，这也是巴菲特价值投资能够成功的重要制度背景。

第五，我国资本市场长期低迷，保险资金等长期投资者难以获得良好的投资回报，这阻碍了保险资金的投资意愿。保险资金俗称老百姓的"养命钱"，它本质上是对投保人的负债，所以，保险资金的运用必须确保投资回报率能够满足保险责任的履行和保险人的利益。数据显示，过去 2 年，我国保险资金年化综合收益率仅为 4%，远低于国际上发达国家 8% 的平均水平。我国保险资金近一半投资于债券，权益类资产占比不足 13%，远低于美国、德国等发达国家 30% 左右的权益类资产配置比重。同时，在我国创投市场的资金来源中，保险资金所占比重不足 5%。

第六，长期优质资产和衍生工具供给不足，资产负债久期错配缺口高达 7 年，资产负债期限错配是行业痛点。首先，我国上市公司质量不高，长期优质资产供给不足，导致我国保险公司资产平均久期仅为 6 年，而平均负债久期却接近 13 年，久期缺口高达 7 年，每年待配置保险资金和到期再投资金超过 2 万亿元。相比之下，美国和欧盟等发达市场，由于长久期资产种类丰富，供给充足，能够有效填补资产负债久期缺口。比如，德国安联保险在过去九年中资产负债的久期缺口近似为 0，即资产负债久期基本完全匹配。其次，目前，我国保险等长期资金只能通过股指期货、50ETF 期权来对冲风险，局限性较大，因为保险等长期资金更多关注的是大类行业资产或是单一重仓股票的价格波动，而我国目前还没有推出行业 ETF 期权、个股期权等衍生工具。

第七，其他障碍。一是保险资金投资未上市企业存在"三类"股东限制（即仅限于保险集团（控股）公司、保险公司和保险资产管理公司），单只保险资管产品不能投资未上市企业，制约了保险资金服务实体经济和科技创新的能力；二是债券市场信用风险对保险资金影响重大，但保险资管公司至今仍未获得企业征信系统查询权限。

二、推动保险资金作为耐心资本的建议

推动保险资金作为耐心资本，战略上需要保险业的高质量发展，战术上需要打通制度障碍，完善考核评估机制，进一步推动保险资金投资布局的长期化、内在化。

第一，适时优化会计处理，减少利润波动，引导保险资金长期持有优质上市公司股票，助力资本市场稳定健康发展。一是对于保险资金持有的优先股和优质上市公司股票，当持股数量超过其总股本一定比例（比如 5%）时，对其进行权益法记账或分类为 OCI（其他综合收益），则该类资产的风险收益特征将明显区别于其他权益类资产，起到压舱石作用。二是允许保险公司忽略短期股价和基金净值波动，以 5 年至 10 年周期来计提权益浮亏。三是降低保险公司投资蓝筹股等有长期稳定分红股票的投资能力备案门槛，允许将持有超过一定期限的计入 OCI（其他综合收益）的股票的浮盈通过净利润转出。

第二，优化保险公司偿付能力指标，进一步下调风险因子。虽然金融监管总局于 2023 年 9 月优化了偿付能力风险因子，但力度仍然不够，保险资金的投资意愿仍然有限。考虑到目前 A 股市场极低的估值，下调风险因子不会给保险公司带来太大的风险。参照科创板和沪深 300 指数成分股的风险因子赋值，建议将长期稳定收益的高分红蓝筹股的风险因子赋值为 0.25；将成长性良好且符合国家战略

发展方向的新兴产业股的风险因子赋值为 0.3；将国家战略性新兴产业未上市公司的股权的风险因子赋值由 0.4 下调为 0.35。

第三，全面建立基于经营效益类指标的三年以上的长期考核机制，并且将三年周期指标的权重提高至 70% 。一是将目前仅限于 5 家国有保险机构的 3 年考核期，扩展至所有保险公司。二是将目前长期考核仅限于净资产收益率的单一指标，调整为全部经营效益指标均采用三年周期考核。三是将目前三年周期和当年指标各 50% 的权重，调整为三年周期的权重为 70% ，当年指标的权重为 30% 。

第四，将 10% 的持股比例限制放宽至 20% ，鼓励长期资金参与上市公司治理，稳定持股预期。放宽持股比例限制，长期资金参与上市公司治理和管理的意愿将明显提升，还能增强其长期持股的积极性。而且，一旦长期资金作为股东参与公司治理，将在市场上形成对其他投资者的示范效应，引导投资者关注价值投资。

第五，加快推出行业 ETF 期权、个股期权，增加衍生工具供给，为耐心资本提供多元化的风险管理工具。监管机构和交易所应深化产品创新，加快推出行业 ETF 期权、个股期权等产品，进一步丰富我国衍生品市场的产品体系，为长期资金提供多元化的风险管理工具，切实保障其投资收益。

第六，其他建议。一是取消保险资金投资未上市企业的"三类"股东限制，允许单一的保险资管产品投资未上市企业；二是给予保险资管公司企业征信系统查询的权限，便利保险资金投资企业债券。

参考文献

［1］郝雨时，周格旭，吴灵灵．我国 A 股市场退市制度现状及机制研究［J］．北方金融，2021（1）：12 – 17.

［2］靳璐畅，陈子熙，朱琳婧．我国资本市场退市制度的潜在问题及政策建议［J］．金融理论与实践，2022（4）：90 – 98.

［3］陈东梅．退市助力 A 股市场高质量发展［J］．新理财，2023（5）：69 – 70.

［4］方重，康杰，简思达．上市公司退市制度思考［J］．中国金融，2016（12）：46 – 48.

［5］方楚贤，周盛飞．基于全面注册制改革的上市公司退市制度现状审视及优化路径［J］．湖北经济学院学报，2023（11）：33 – 36.

［6］李若山．对证券市场"零容忍"政策下退市新规的思考——兼对 43 家退市公司的案例分析［J］．财会月刊，2022（16）：11 – 17.

［7］马俊，陈昌庆．A 股"垃圾股"退市难的原因及对策分析［J］．中小企业管理与科技，2020（2）：71 – 72.

［8］杨南南．A 股市场退市难问题研究［J］．现代营销（信息版），2020（7）：52 – 53.

［9］董登新．A 股退市中的政府角色［J］．中国金融，2016（12）：51 – 52.

［10］张跃文．我国上市公司"退市难"的制度根源与现实对策［J］．经济体制改革，2020（3）：116 – 122.

［11］宋俊晓．我国上市公司"退市难"原因及对策［J］．合作经济与科技，2019（4）：44 – 46.

［12］肖钢．中国资本市场变革［M］．北京：中信出版集团，2020：75 – 83.

［13］王蕴哲．退市制度的国际经验［J］．中国金融，2016（12）：55 – 56.

［14］隋玉明．上市公司强制退市问题探讨［J］．财政监督，2016（11）：106－108.

［15］马俊．浅析我国科创板强制退市制度设计的突破与缺陷［J］．中小企业管理与科技，2020（3）：118－119.

［16］徐帆．科创板强制退市制度反思与完善路径［J］．浙江金融，2019（11）：33－40.

［17］陈见丽．基于注册制视角的上市公司退市制度改革研究［J］．学术交流，2019（3）：108－119.

［18］黄奇帆．结构性改革：中国经济的问题与对策［M］．北京：中信出版社，2020：133－139.

［19］王伦强．论我国证券发行注册制推进的路径［J］．西南金融，2020（8）：43－51.

［20］上海证券交易所资本市场研究所．全球主要资本市场退市情况研究及对科创板的启示［EB/OL］．（2018－12－30）［2023－12－30］．https：//www.sse.com.cn/aboutus/research/report/c/4727800.pdf.

［21］陆佳仪，潘妙丽．印度股票退市制度研究［EB/OL］．（2019－10－15）［2023－12－30］．https：//www.sse.com.cn/aboutus/research/report/c/4940326.pdf.

［22］兰懿琛．对我国证券市场退市难问题的若干思考［J］．法制博览，2022（10）：134－138.

［23］熊锦秋．＊ST博元退市"为难"上交所［J］．董事会，2016（2）：18－19.

［24］雪球财经．＊ST博元退市的教训：投资者该如何发现财务造假［J］．股市动态分析，2015（13）：42－43.

［25］郭施亮．A股退市进度加速投资者如何避险［J］．理财，2018（7）：30－31.

［26］黄江东．退市常态化投资者的"风险教育课"［J］．金融博览（财富），2021（1）：58－60.

［27］刘纪鹏，蒲俊霖．完善退市制度促进资本市场健康发展［J］．清华金融评论，2016（5）：83－84.

［28］郭义慧，宋鑫．科创板退市制度与优化建议［J］．经济研究导刊，2022（10）：75－78.

［29］张同森．地方政府与监管机构的"A股退市博弈"［J］．中国集体经

济，2017（21）：74 – 75.

[30] 杨栋. 从美股退市制度说开去 [J]. 金融博览（财富），2019（3）：
74 – 76.

[31] 吕伟. 财务造假手段识别与分析 [EB/OL]. (2024 – 04 – 26) [2023 –
12 – 30]. https：//finance. sina. com. cn/zl/2022 – 04 – 26/zl – imcwiwst4164615.
shtm.

[32] 高慧珂. 想学财务造假识别? 看这一篇就够了 [EB/OL]. (2017 – 11 –
09) [2023 – 12 – 30]. https：//www. cspengyuan. com/static/clientlibs/pengyuancm-
scn/pdf/CreditResearch/BondMarketResearch/ThematicStudies/% E6% 83% B3% E5%
AD% A6% E8% B4% A2% E5% 8A% A1% E9% 80% A0% E5% 81% 87% E8% AF%
86% E5% 88% AB% EF% BC% 9F% E7% 9C% 8B% E8% BF% 99% E4% B8% 80%
E7% AF%87% E5% B0% B1% E5% A4%9F% E4% BA%86. pdf.

[33] 张力上，冉筱奇. 我国大陆资本市场强制性退市制度的研究 [J]. 金
融教育研究，2016（5）：3 – 8, 57.

[34] 邱永红. 我国上市公司退市法律制度的历史变迁与演进：实证研究与
案例分析 [J]. 证券法苑，2014（11）：176 – 247.

[35] 棱镜君. 上市公司财务造假的逻辑 [EB/OL]. (2022 – 12 –21) [2023 –
12 –30]. https：//www. 163. com/dy/article/HP3N82060519BIO4. html.

[36] 冯科，李钊. 中外退市制度比较分析 [J]. 首都师范大学学报（社会
科学版），2014（5）：71 – 80.

[37] 民生证券证券市场退市制度课题组. 我国证券市场退市制度的潜在问
题与完善路径研究 [J]. 金融监管研究，2018（4）：1 – 20.

[38] 吴燕. 退市制度改革对上市公司影响的实证分析——以我国首例重大
违法退市公司博元投资为例 [J]. 金融经济，2016（16）：10 – 12.